JN043677

ジャン・スピラー［著］　東川恭子［訳・監修］

ジャン・スピラーの
天職をつかむ占星術

あなたの歩むべき道はどこにあるのか

徳間書店

はじめに

占星術チャートには、〝カルマ〟と呼ばれる魂の過去世の記録と、〝ダルマ〟と呼ばれる魂が選択した、現世の生きる道が記されています。人が誕生するとき、その魂の進化のレベル、そして魂の意志により、その人に最もふさわしい波動域の世界に転生します。鏡があなたの外見を映し出すように、あなたの占星術チャートはあなたが持って生まれた性質や運命の計画を映し出す、あなただけの特別な鏡です。

それは多くの人々が生きる上で直面する〝運命〟と呼べるものであり、占星術チャートはそれを浮き彫りにします。

大人になってから身体の骨格や身長を変えられないように、あらかじめ決められた運命を変えることはできません。しかし、持って生まれた資質を知り、運命の流れに適応しながら才能を最大限に生かすことは十分可能です。占星術を紐解《ひもと》くことで、あなたが生まれる前に描いた人生の青写真を探り、それを賢く使いきることができるようになるのです。

この人生の青写真を受け入れ、それに沿った生き方を選択するとき、あなたは自らの運命を創出し、幸福で満たされた人生を生きるための扉を開きます。青写真が示す事柄を否定したり、拒絶したりするとき、あなたの人生は不満や苛立《いらだ》ちばかりに見舞われ、うまくいかない人生に怒りをぶちまけることになります。占星術チャートに描かれた、あなたの魂が成長するためのシナリオを受け入れる意思を持ち、他者にも同様のシナリオがあることを受け入れて初めて、人は穏やかで幸福な人生を生きられるのです。

本書を読むにあたり、各項に書かれた才能や性質のうちの、どれがあなたの人生を成功に導くカギとなるかは本人にしかわかりません。子供の頃は誰しもワクワクと心躍るような瞬間があり、その経験が将来のキャリアへとつながるヒントとなることが少なくありません。それは私たちが心の深いところで、答えをすでに知っているからにほかなりません。

本書は、あなたのなかにある才能や情熱の萌芽《ほうが》に光を当て、活力を与えることで、あなたが人生の成功を手にするよう導くものです。

ジャン・スピラー

第1章 成功の扉を開けるミッドヘブン（MC）

第2章 あなたの目標実現を助ける隠れた才能
―第10ハウスの支配星はどこにあるか―

第3章 過去世から受け継がれた特別な才能
――第10ハウスにある天体――

第4章 あなたが最も輝く仕事とジャンル
――第10ハウスの天体がつかさどるサインと、そのハウス――

第5章 土星のサインが示すあなたの弱点と克服法

カバーデザイン　三瓶可南子
図版・本文デザイン　浅田恵理子

プロローグ――第10ハウスの示すもの

本書の目的は、あなたが社会に向かって何らかの役割を果たそうとする欲求を満たすためのガイドとなることです。

あなたが誕生したときの天体の配置図、占星術チャート（ホロスコープと同じ）の第10ハウスは、チャートの持ち主が社会に広く表現せずにはいられない、持って生まれた能力にスポットライトを当てる場所です。そこに書かれたテーマを追求することで、この上ない幸福感が得られるほか、客観的に見ても他人より秀でた才能の種《たね》がわかります。

また、第10ハウスはあなたが取り組むべき能力開発の仕方や経験の仕方、世界との分かち合い方について示しています。第10ハウスは、あなたが満足できる成功を物質界で確立するための才能とツールを収めた部屋なのです。

あなたが社会に向けて発揮できる力がどこにあるかを意識すると、あなたの魂に刻まれたシナリオに沿った行動を起こせるようになります。このルートは、あなたが人生で成功を収めることができる道です。なぜなら、チャートに描かれた青写真の通りに生きるとき、あなたは自然に、最も効率よく潜在能力を発揮することができ、周囲の人々はあなたの才能を認めて応援してくれるようになるからです。

本書を読み進むうち、「これだ！」と感じる瞬間がたくさんあることを願っています。そのような洞察は、あなたがかねがねほしいと願ってきた才能の数々と直結しています。天賦《てんぷ》の才能の生かし方は無数に用意されています。たとえば、アート・美・調和をつくる才能がある人なら、インテリアデザイナー、画家、スタイリスト、外交官など多様な職種で花を咲かせます。本書の解説を読みながら、どんな職業が自分に適しているか、直感でわかってくるでしょう。

あなたの第10ハウスに描かれた才能を磨くとき、あなたは元々得意な分野を選択しているため、当然の結果として才能は結実します。この道を進んで行けばどんどん成果が上がり、経済的に恵まれ、地位を得て、キャリアを極める達成感、人生の充足感が約束されているのです。また私生活においても、第10ハウスが示す才能を発揮すると、人付き合いやその他の目標達成に好ましい成果を引き出せるでしょう。

たとえば、第10ハウスのサイン（星座）が双子座の人は、双子座がつかさどる文筆業、教師、営業といった分野の仕事を選ぶと難なく成功を収められるでしょう。この人たちは目標が何であれ、物事を論理的に精査すること、そしてかかわる人々の考えに配慮することで達成に近づくことができるからです。人間関係がうまくいく秘訣は、相手とのオープンなコミュニケーションを忘れず、相手の立場や気持ち、目指す方向などを考慮することです。

第10ハウスが双子座にある人にとって、その人生がうまくいく秘訣はとにかく対象に好奇心を持つこと。そして自由闊達《かったつ》な対話がカギとなり、コミュニケーション次第で恋愛、パートナーシップ、仕事、マネー、家族問題もうまくいきます。

第10ハウスはまた、「あなたがそもそも何をするために地球に生まれてきたのか」を明らかにします。占星術チャートの円の頂点にあることから、このハウスが示す能力はあなたの魂が現世で人々と分かち合い、世の中に貢献することを宇宙と約束している高次、高波動の才能なのです。宇宙と交わしたこの約束を果たすことにより、あなたは人格を高め、健全で調和の取れた人生が強化されていくのです。

最後に一つ付け加えると、私が占星術で物質的成功を鑑定するとき、地位やキャリア、ライフワーク、ゴール達成にかかわる第10ハウスのほかにも、お金との付き合い方や増やし方を示す第2ハウスにも注目します。また第6ハウスには、より日常的なレベルでの仕事や充足感についての情報があり、これもまた物質的成功の一端をなすものです。したがって占星術で現世的成功を鑑定するときは、第10、第2、第6ハウスをみて総合判断しますが、本書では特に重要な第10ハウスに焦点を絞っています。

占星術の基本法則

人生のすべての分野に影響を与えるカルマ（宿命）を占星術チャートで解読するとき、以下の法則に従って探っていきます。

1. 関心の対象となる分野（たとえばマネー、恋愛、健康、キャリアなど）を示すハウスを見る。
2. そのハウスをつかさどる天体を見る（ルーラー・支配星ともいう。ハウスにあるサイン〈星座〉によってルーラーがわかる）。
3. その天体（支配星）があるハウスを見る。

各ハウスが示す人生の領域・分野	
第１ハウス	体、人格、アイデンティティ
第２ハウス	マネー、価値観、所有物
第３ハウス	コミュニケーション、人付き合い、兄弟、学習、指導
第４ハウス	家庭、家族、心のよりどころ
第５ハウス	恋愛、創造力、子供、遊び
第６ハウス	仕事、健康、整理・管理能力、ルーティーン、ペット
第７ハウス	パートナーシップ、結婚、チームワーク
第８ハウス	共同事業、性的・財政的パートナーシップ、契約
第９ハウス	法律、哲学、旅行、穏やかな心
第10ハウス	成功、職業、社会的地位、目標達成
第11ハウス	友達、人道的目標、希望や願望、未来志向
第12ハウス	潜在意識、神秘探究、依存傾向、霊的洞察

4．1でチェックしたハウスに天体があれば、それらの天体がつかさどるハウスを見る。

本書では、この法則を第10ハウス（現世的成功の部屋）にあてはめて解説していきます。この基本法則を使って、人生のすべての領域について、あなたが誕生前に準備した計画を見ることができます。

上の表に、人生の多様なテーマがどのハウスでわかるかを簡単にまとめました。関心のある方は、他のハウスもチェックしてみてください。

四大要素（エレメント）

占星術鑑定をするとき、10の主要天体のサイン（星座）がどのエレメントに属するかで、チャートの持ち主が持って生まれた気性（基本的な性質）を見ます。

占星術用語のエレメントとは、「火、地、風、水」の四つを指し、火のエレメントに属するサインは「牡羊座・獅子座・射手座」、地のエレメントは「牡牛座・乙女座・山羊座」、風のエレメントは「双子座・天秤座・水瓶座」、そして水は「蟹座・蠍座・魚座」です。

たとえば何かが起きたとき、まず感情で反応する人は水のサインを多く持ち、冷静で知性優先の人（風のサイン）、現実的で安定志向の人（地のサイン）、あるいは創造力豊かで情熱的な人（火のサイン）などとなります。

本書では特に扱っていませんが、四つのエレメントを考慮することは、本書が提供する情報をさらに的確に活用する際に有効となるでしょう。

アスペクト(吉角、凶角)

誕生前の計画をより深く知るにあたり、占星術師が注目するもう一つのツールは、アスペクトと呼ばれる、チャート上で天体同士が作る角度です。人生のどの分野でも、成功を読み解くにはアスペクトの情報が欠かせません。どの分野でも願望が成就するかどうかを見るとき、その分野を担当する天体同士がどうかかわりあっているかがとても重要となるからです。

たとえば、目指す目標分野を示すハウスにある天体のアスペクトが、他の天体と良好な関係(トライン〈120度〉、セクスタイル〈60度〉など)にあれば、それらの天体が、あなたの目指す成功を助けてくれることになるのです。つまり二つの天体が象徴する資質が発揮されるにあたり、何の衝突や葛藤も生じないということです。

例を挙げると、第7ハウス(結婚がテーマの一つ)のサインをつかさどる天体が第10ハウス(キャリアがテーマの一つ)にある天体と吉角(トライン、セクスタイル)をつくるとき、この人は幸せな結婚と、望ましいキャリアを何の問題もなく両立させられることを示しています。実際のところ、両方の分野が相乗効果を発揮して仕事も結婚も満足な人生を歩むことになります（後出、オプラ・ウィンフリーのチャートを参照）。

逆のケースもあります。あるハウスのサインをつかさどる天体が、別のハウスの天体と凶角（スクエア〈90度〉、オポジション〈180度〉など）をなす場合、この人はそれぞれのハウスが示す分野の活動で綱引きのような葛藤を経験することになります。多くの場合、一つのハウスの活動がうまくいくと、もう一つが犠牲になるのです。

例を挙げると、第7ハウス（結婚）と第10ハウス（キャリア）の天体同士がスクエアという90度の凶角を取る場合、この人の運命は良好なキャリアか幸せな結婚か、どちらかを選ばなくてはならなくなるということです。この人の内面にある何かが何らかの葛藤を起こし、二者択一を迫られる状況を作り出すのです。

仮に自分のキャリアでの成功をサポートしてくれるパートナーを選んだとしても、この人は無意識にパートナーとの関係を捨てるとか、仕事に情熱を失うなどして、どちらか一方の幸福を選択することになるでしょう。環境や諸般の事情など理由は何であれ、現世ではキャリアと家庭の両方で幸せを感じることがない、というのがこの人の運命だからです（後出、モハメド・アリのチャートを参照）。

もう一つ例を挙げると、あるクライアントのチャートで、第7ハウス（結婚）をつかさどる天体が第1ハウス（自立）にあり、第7ハウスにある別の天体とオポジションという180度の凶角の関係にありました。これが示すのは、この人が自立していくことと結婚生活が両立しないという運命です。結婚生活の中でこの人は自分を見失うことになり、自分自身を取り戻すために結婚に終止符を打つ決断をすることになります。この人の運命のシナリオに、結婚生活を続けながら自分らしく生きるという道は存在しないからです。

このチャートでは、第1、第7ハウスの天体が、どちらも第10ハウス（キャリア）の天体とスクエア（90度の凶角）の関係にありました。したがってこの人の運命は、自立、結婚、キャリアという三つの分野で内面の葛藤が起きるということです。これらの三つの要素をどうすれば全部うまく生かせるかは、この人にはわかりませんでした。そのように運命づけられていたからです。

しかし、内面の葛藤が起きたことが動機となり、逆にこの人はこれらの分野に意識を集中させ、チャレンジ精神に火が点きました。強いストレスがかかったこれらの分野の活動に光が当たり、活性化していったのです。仕事vs自立、自立vsパートナーシップという三つ巴の二律背反に強い警戒心を持って注目し、理解に努め、バランスをとるべく意識的に取り組み続けたのです。

人生を好転させるのに最も重要な点は、あらかじめ決められたこういうエネルギーを、どう使えばプラスに転じることができるかを知ることです。

言うまでもなく、このチャートの持ち主にとって、現世は〝学びと成長〟の一生ということでした！　この人は職業的に成功し（第10ハウス）、そのお蔭で自分の力で立ち（第1ハウス）、何度か結婚も経験しました（第7ハウス）。本書を書いている時点で、この人物は多くの経験を経て幸せな人生を送っています。運命に身を任せていた初期の人生では機能しなかったやり方を変えて、現在のやり方を編み出したことで、運命のエネルギーを使いこなすのに成功したのです。

アスペクトが調和しているとき、私たちが何もしなくても良好な展開が自然に用意されています。「壊れていないものは修理する必要がない」という言葉通り、問題が起きない限り、私たちは敢《あ》えてそこに注目しません。そしてうまくいかないことに直面したとき、そこには二つの選択肢があります。その対象に注目し続け、うまくいかせるためにより深く理解しようと努力するか、不満を言うだけで何もせず惨《みじ》めな思いに浸るか、です。

このように、二つの天体同士のアスペクトを理解することは、占星術の基本の法則に豊かなディテールを加えることとなるのです。

※本書で紹介する例では、アスペクトを示すラインは省略していますが、読者がバースチャートを作成したときは、アスペクトを示すラインがあるので、参考にしてください。

バースチャートの読み方

では、ここで、3つのサンプルチャートを使って、占星術が明らかにする個人の人生、特に第10ハウスの解釈の仕方を簡単に紹介していきましょう。

◎スティーブ・ジョブズ

Macで知られるパソコンやiPhoneなどを生み出したアップルの創業者であるスティーブ・ジョブズは、1955年2月24日、カリフォルニア州サンフランシスコに生まれました。彼のバースチャートは、左のようになります。そして、ポイントとなる

ミッドヘブン（MC、第９・第10ハウスの境目）は、双子座
第10ハウスをつかさどる天体（水星）があるハウスは、第５ハウス
第10ハウスの天体は、ドラゴンテイル（DT）と木星と天王星
第10ハウスの天体がつかさどるハウスは、第４ハウス（射手座）、第６ハウス（水瓶座）

となります（※天体の位置などのくわしい見方は後述します）。

このチャートからどんな情報が読み取れるかというと、

ＭＣ双子座の人が最も幸福感を得られる職業は、「自分の意見を自由に語り、相手の言葉に耳を傾けるコミュニケーションスキルを必要とする職業」ですから、スティーブ・ジョブズが新製品の発表などの場で、生き生きとプレゼンをしていた姿を彷彿《ほうふつ》させます。

しかし、ドラゴンテイルが第10ハウスにあることは、ジョブズが自ら築いた企業、アップル社の権力や支配に固執した結果、１９８５年に解雇されたことを裏づけます（自分が作った会社から追い出された）。

また、第４ハウスにドラゴンヘッドがあることから、その後自らの心のよりどころに再び焦点を絞り、仕事のプロセスに情熱を注ぐことによって、アップル社に戻って偉大な事業の成功を収め、世界を変えるまでになりました。

スティーブ・ジョブズ

1955年２月24日　7：15PM
カリフォルニア州サンフランシスコ生まれ

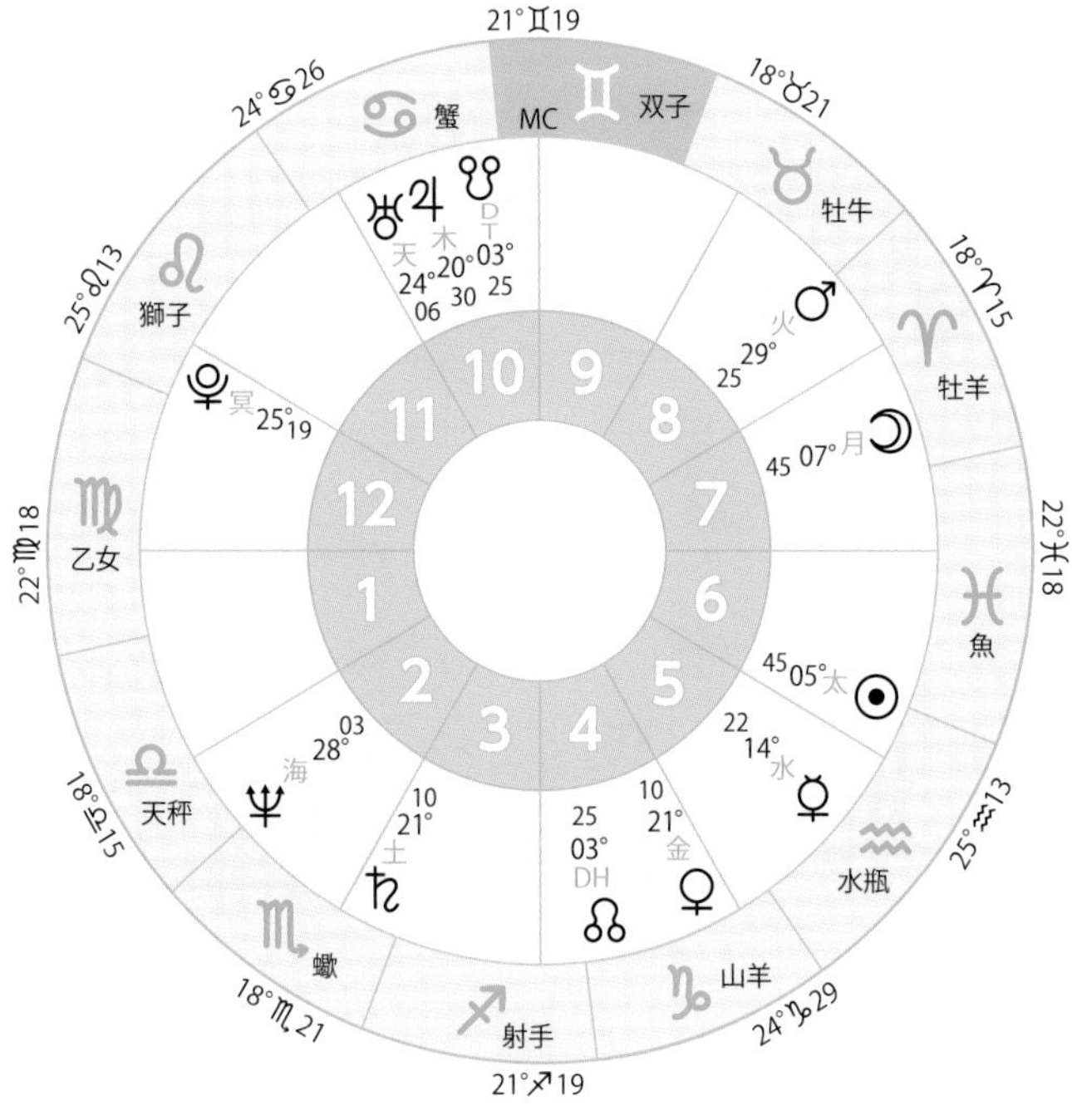

ミッドヘブン（MC）→双子座
第10ハウスをつかさどる天体（水星）があるハウス→第５ハウス
第10ハウスの天体→ドラゴンテイル(DT)、木星、天王星
第10ハウスの天体がつかさどるハウス→
　第４ハウス（射手座）、第６ハウス（水瓶座）

第10ハウスをつかさどる天体（双子座の場合は水星）が第5ハウスにあることから、人々に娯楽を提供する製品作りへと導かれることがわかります。

ここで興味深いのは、ジョブズの天王星は第10ハウスにあるものの、第11ハウスに限りなく近いこと。これはジョブズが第11ハウスの特徴である発明、未来志向という資質を引き出し、ビジネスをさらなる成功へと導いていることの証しと言えます。

◎オプラ・ウィンフリー

オプラ・ウィンフリーはアメリカの女優で、最高のトーク番組と評される「オプラ・ウィンフリー・ショー」の司会を20年以上務めたセレブリティ。当時、黒人唯一のビリオネアであり、慈善家としても知られています。

ウィンフリーは、1954年1月29日、ミシシッピ州コジャスコ生まれで、彼女のバースチャートは左のようになります。

ミッドヘブン（MC）は、天秤座

第10ハウスをつかさどる天体（金星）があるハウスは、第2ハウス

第10ハウスの天体は、海王星と土星

オプラ・ウィンフリー

1954年1月29日　4：30AM
ミシシッピ州コジャスコ生まれ

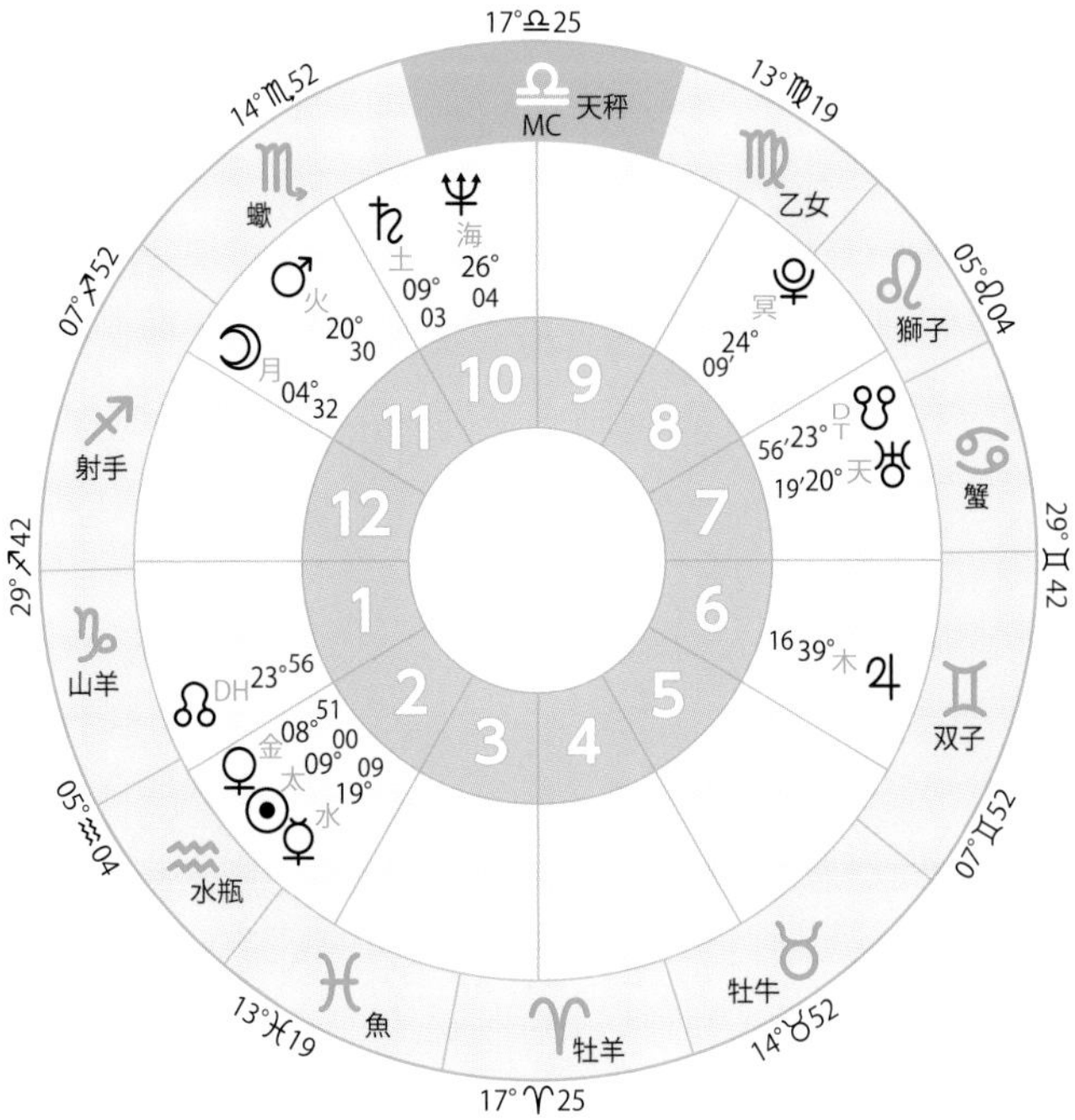

ミッドヘブン（MC）→天秤座
第10ハウスをつかさどる天体（金星）があるハウス→第２ハウス
第10ハウスの天体→海王星、土星
第10ハウスの天体がつかさどるハウス→
　第３ハウス（魚座）、第１ハウス（山羊座）

第10ハウスの天体がつかさどるハウスは、第3ハウス（魚座）と第1ハウス（山羊座）

ミッドヘブン（天秤座）をつかさどる金星は第2ハウスにあり、彼女の価値観を表現することから成功の扉が開かれていくと示しています。

第10ハウスにある土星が示すのは、彼女には強い使命感があるということ。そして海王星により、彼女の社会的成功を支えるのは、スピリチュアルや芸術面の価値の普及・拡散にあることがわかります。

MCが天秤座の場合、1対1のコミュニケーションが強調されますが、これは彼女が社会的成功を収めるためのカギとなった、番組ゲストのインタビューで見せる相手に対する理解や共感に裏づけられています。

◎モハメド・アリ

アメリカのプロボクサーで、「史上最強のハードパンチャー」と言われ、22歳で世界ヘビー級統一王座を獲得、ベトナム戦争への徴兵を拒否したことでタイトルを剝奪されるも見事カムバックを果たした偉大なアスリートのモハメド・アリは、1942年1月17日、

モハメド・アリ

1942年1月17日　6：35PM
ケンタッキー州ルイスヴィル生まれ

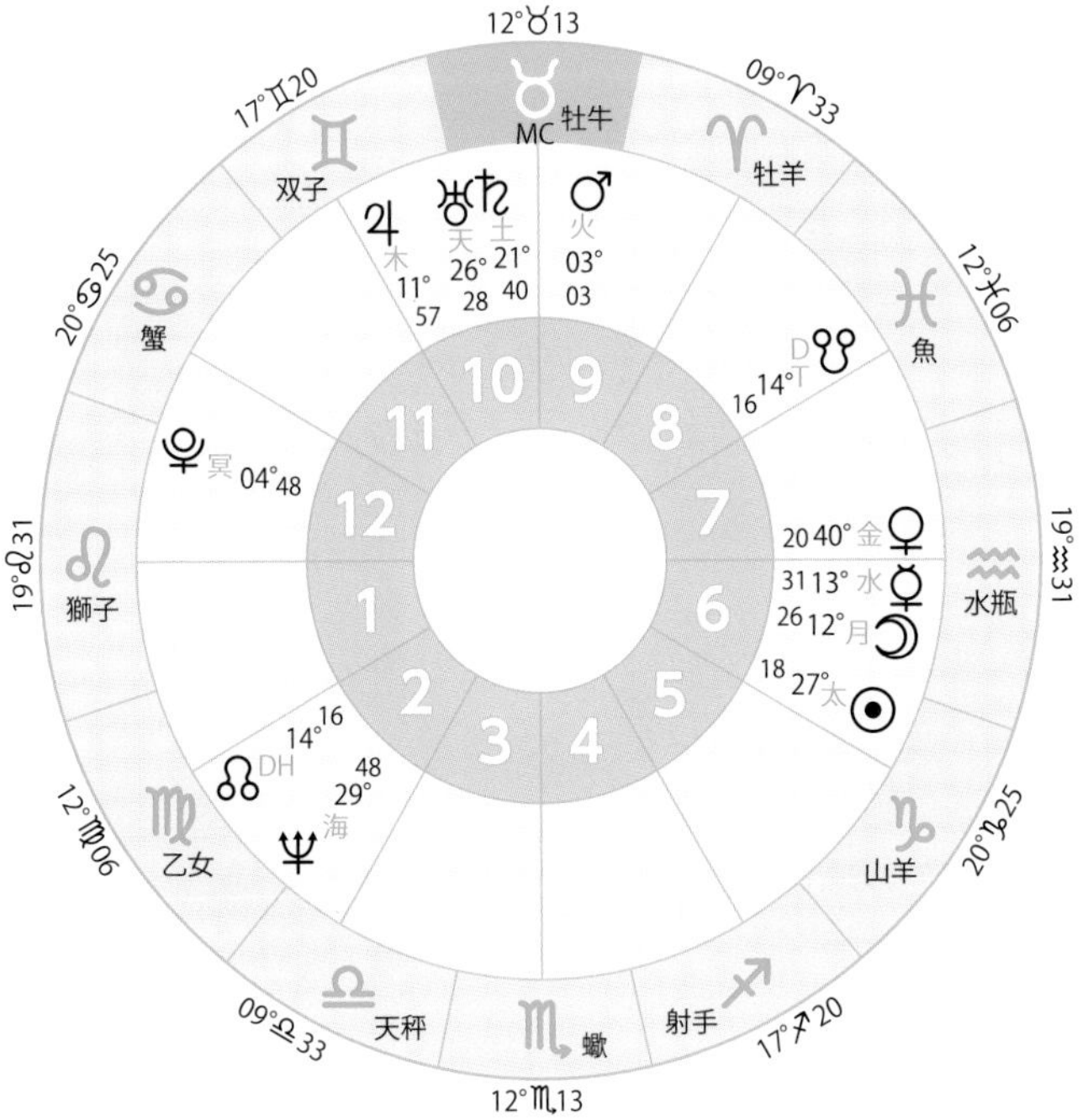

ミッドヘブン（MC）→牡牛座
第10ハウスをつかさどる天体（金星）があるハウス→第７ハウス
第10ハウスの天体→土星、天王星、木星
第10ハウスの天体がつかさどるハウス→
　第６ハウス（山羊座）、第７ハウス（水瓶座）、第５ハウス（射手座）

ケンタッキー州ルイスヴィル生まれです。
彼のバースチャートは、前ページの通り。

ミッドヘブン（MC）は、牡牛座

第10ハウスをつかさどる天体（金星）があるハウスは、第7ハウス

第10ハウスの天体は、土星と天王星と木星

第10ハウスの天体がつかさどるハウスは、第6ハウス（山羊座）、第7ハウス（水瓶座）、第5ハウス（射手座）

第10ハウスに、土星と天王星と木星という主要な天体が三つも入っていることから、彼にとって社会的成功を収めることが人生最大の目標だったことがうかがえます。

また、第6ハウスに太陽と月があることから、成功のためなら努力を惜しまない姿勢が見えてきます。ドラゴンヘッドとドラゴンテイルを結んだ軸が第2ハウス、第8ハウスにわたっていることから、対戦相手を挑発する言葉で勝利を宣言する姿勢が生まれています――対戦相手の深層心理に分け入り（第8ハウス）、自分の勝利をつかむ計画（第2ハウス）を刷り込んでいます（アリはビッグマウスとも言われた）。

＊本書の使い方

1．あなたのバースチャートを用意する

本書を活用するために、まずあなたのバースチャートを用意してください。

バースチャートは、あなたが生まれた瞬間に天体や星座がどこに位置していたかを示すものです（ホロスコープチャートとも言う）。

本書に書かれている内容を最大限に生かすには、生まれた場所だけでなく、誕生時刻を調べてその瞬間のバースチャートを作ることが望ましいですが、誕生時刻が不明の場合でも作成できるサンライズチャート（誕生日の日の出の時刻を誕生時刻とする）でも、有用な情報が得られるでしょう。

あなたのバースチャートをつくるには、誕生日・誕生時刻、誕生地などを入力するだけで自動的に作れる日本語の無料サイトがいくつもあります。「バースチャート」や「ホロスコープ」などと検索して利用してみてください。また、ジャン・スピラーのホームペー

ジ（janspiller.com）にアクセスし、バースチャートをつくることもできます。
（※巻末にジャン・スピラーのサイトのアクセス方法をまとめました）

2. あなたのMCを知る

ＭＣ（ミッドヘブン）とは、第10ハウスをつかさどるサイン（星座）と同じことです。

ＭＣと上昇宮《アセンダント》は、チャートを作成すると自動的に算出されます。上昇宮は太陽が地平線を越えたポイントで、ＭＣは太陽が最も高い位置にあるポイントを示しています。

あなたのチャートの一番上のＭＣと書かれたところ（または第９・第10ハウスの境目）に当たるサインが、ＭＣのサインです。

これがわかれば、**本書第１章の「成功の扉を開けるミッドヘブン（ＭＣ）」**で、あなたがどのようにして成功に導かれるかが解き明かされます。

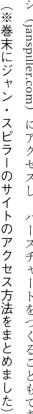

3. 第10ハウスの支配星は、どのハウスにあるか

あなたのMC（第10ハウスのサイン）がわかったら、そのサインをつかさどる天体（ルーラー、支配星）を、次ページの表から見つけてください（天体の記号一覧はP34）。たとえば、MCのサインが双子座なら、その支配星は水星となります。

あなたの第10ハウスをつかさどる天体がわかったら、その天体があなたのバースチャート上のどのハウスにあるかを調べましょう。たとえば、あなたのMCのサインが蟹座の場合、蟹座の支配星は月なので、月があなたのバースチャートのどのハウスにあるかを調べます。前出のスティーブ・ジョブズの場合は、MCのサインが双子座で、その支配星の水星は第5ハウスにあることがわかります。そのハウスが「第10ハウスのルーラーのあるハウス」ということになります。

このハウスの位置で、**「あなたの目標実現を助ける隠れた才能」**が明らかになりますので、**第2章**の解説をご覧ください。

12サインをつかさどる天体（支配星、ルーラー）一覧
第10ハウスのサインから支配星を見つける

あなたのMCのサイン	第10ハウスの支配星
牡羊座	火星
牡牛座	金星
双子座	水星
蟹座	月
獅子座	太陽
乙女座	水星
天秤座	金星
蠍座	冥王星
射手座	木星
山羊座	土星
水瓶座	天王星
魚座	海王星

4.第10ハウスの天体を見つける

バースチャートの記号を解読するにあたり、12サイン（星座）と各天体の記号を一覧にしました。

12サインの記号

牡羊座	♈	牡牛座	♉
双子座	♊	蟹座	♋
獅子座	♌	乙女座	♍
天秤座	♎	蠍座	♏
射手座	♐	山羊座	♑
水瓶座	♒	魚座	♓

あなたのチャートの第10ハウスには、天体がありますか？
あなたの第10ハウスにある天体によって、**「あなたの過去世から受け継がれた特別な才能」**が明らかになります。もし、第10ハウスに天体が一つもない場合でも、そこには意味がありますので、**第3章**を参照してください。

各天体の記号

太陽	☉	月	☽
水星	☿	金星	♀
火星	♂	木星	♃
土星	♄	天王星	♅
海王星	♆	冥王星	⯓
ドランゴンヘッド	☊	ドランゴンテイル	☋

5. 第10ハウスの天体がつかさどるサインと、そのハウスを見つける

第10ハウスにどんな天体があるかがわかったら、それぞれの天体がつかさどるサインを、次のページの表から見つけていきます。

たとえば、あなたの第10ハウスに月がある場合、月がつかさどるサインは蟹座となり、蟹座がどのハウスにあるか調べます。たとえば、前出のジョブズの例では、第10ハウスの天体として木星が入っています。この木星がつかさどるサインは、次ページの表から射手座となり、ジョブズのチャートを見ると射手座に第4ハウスがあることがわかります。

第10ハウスに複数の天体がある場合は、複数のハウスを探していきます。

また、水星と金星はそれぞれ二つのサインをつかさどるので、もしあなたの第10ハウスに水星がある場合は双子座と乙女座、金星がある場合は牡牛座と天秤座が該当するハウスをそれぞれチェックしましょう。

ここで明らかになった「第10ハウスの天体がつかさどるハウス」は、どれもあなたの成

第10ハウスにある天体	天体がつかさどるサイン
太陽	獅子座
月	蟹座
水星	双子座、乙女座
金星	牡牛座、天秤座
火星	牡羊座
木星	射手座
土星	山羊座
天王星	水瓶座
海王星	魚座
冥王星	蠍座

功、目標達成にかかわりがあります。**第4章の「あなたが最も輝く仕事とジャンル」**を参照してください。

チャートを読んでみよう

第10ハウスに関する情報を正しく読み取る練習として、マイクロソフト創業者のビル・ゲイツ氏と、インドの宗教家で政治指導者でもあったマハトマ・ガンディー氏のバースチャートを紹介します。どちらも世界に大きな影響を与えた人ですが、そのバースチャートから本書占星術を行うのに必要な情報を（答えを見ないで）読み取ってみましょう。

ビル・ゲイツ

1955年10月28日　10:00PM
ワシントン州シアトル生まれ

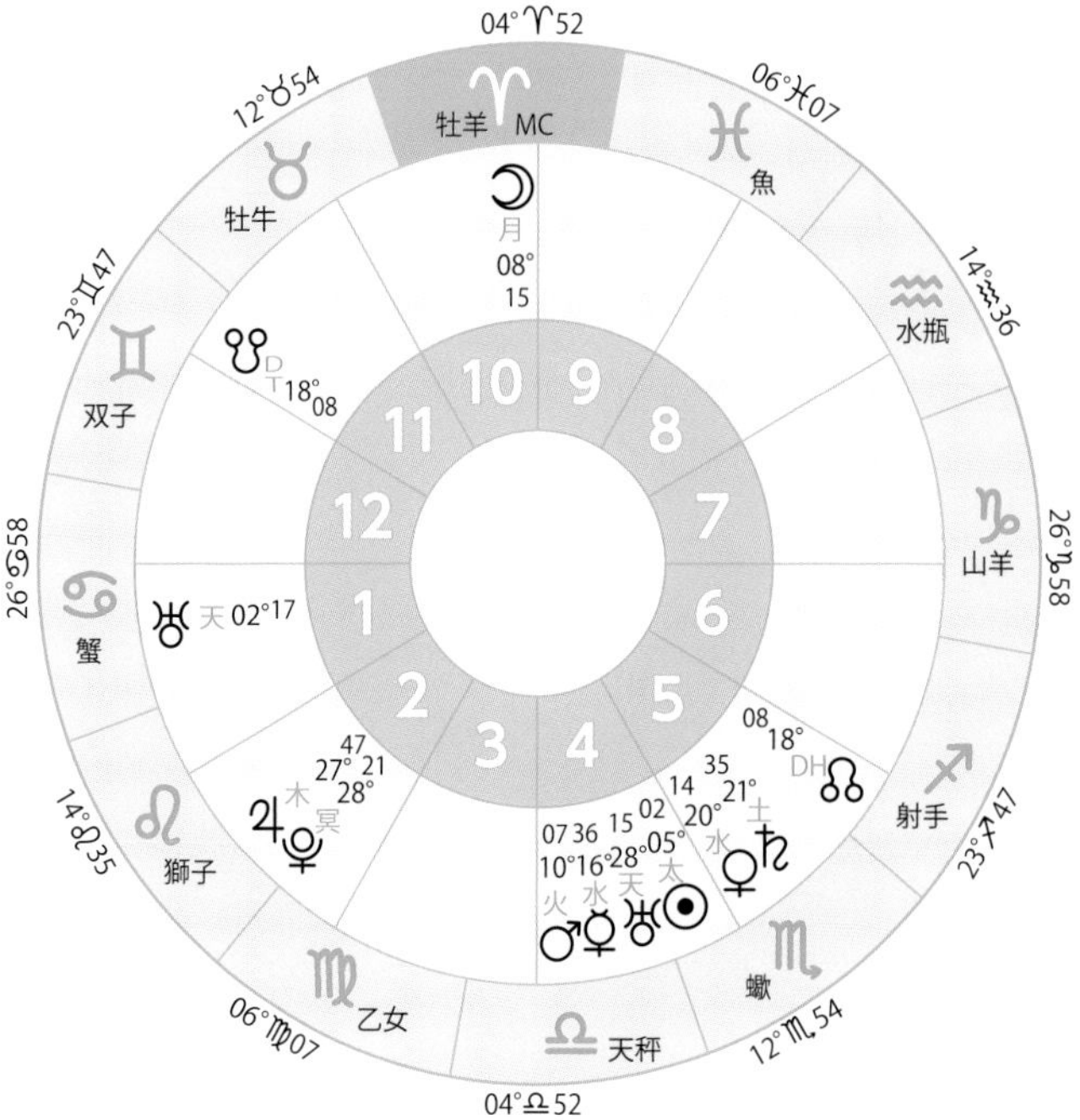

ミッドヘブン(MC)→(　　　　)
第10ハウスをつかさどる天体(火星)があるハウス→(　　　　)
第10ハウスの天体→(　　　　)
第10ハウスの天体がつかさどるハウス（蟹座)→(　　　　)

マハトマ・ガンディー

1869年10月２日　７：12AM
インド、ポルバンダー生まれ

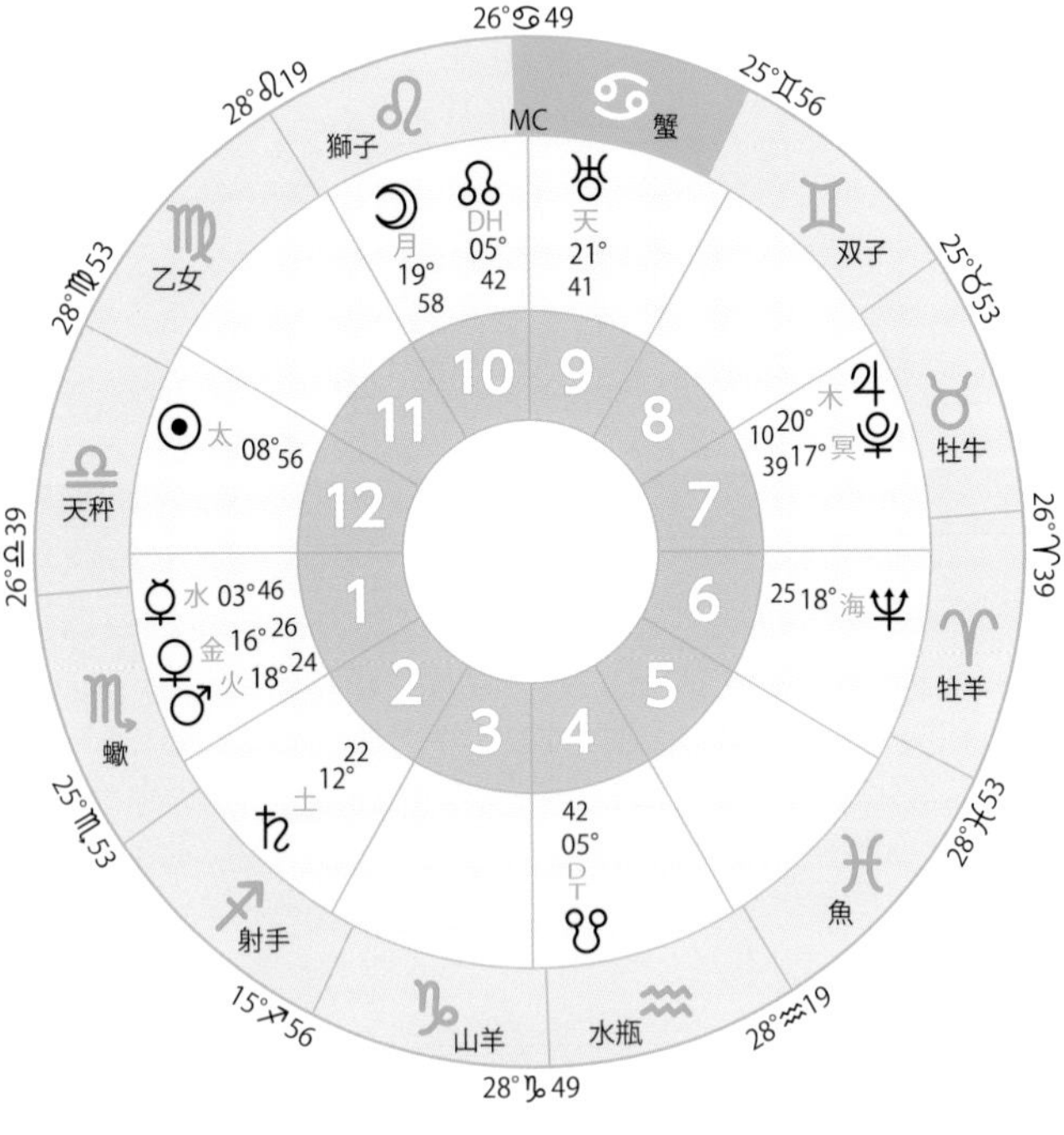

ミッドヘブン（MC）→（　　　　）
第10ハウスをつかさどる天体（月）があるハウス→（　　　　）
第10ハウスの天体→（　　　　）
第10ハウスの天体がつかさどるハウス（蟹座）→（　　　　）

◎ビル・ゲイツ

ミッドヘブン（MC）　（牡羊座）

第10ハウスをつかさどる天体（火星）があるハウス　（第4ハウス）

第10ハウスの天体　（月）

第10ハウスの天体がつかさどるハウス（蟹座）　（第1ハウス）

◎マハトマ・ガンディー

ミッドヘブン（MC）　（蟹座）

第10ハウスをつかさどる天体（火星）があるハウス　（第10ハウス）

第10ハウスの天体　（ドラゴンヘッド、月）

第10ハウスの天体がつかさどるハウス（蟹座）　（第10ハウス）

〈第1章〉

成功の扉を開ける
ミッドヘブン（MC）

MC（ミッドヘブン）はバースチャートの円の一番上にあります。円を時計になぞらえると、MCはちょうど12時の位置となります。ここは社会があなたをどんな人物とみなすかを象徴するところです。またここは、あなたが主体性をもって実力をつけ、社会で成功するという、あなたの成功に至るパターンが書かれています。つまりMCが紐解くのは、あなたが現世的・物理的成果を顕現させる原動力です。

あなたのMCのサインは、たとえるならあなたの人生の成功の扉を開けるカギです。あなたの公的分野での運勢を見るとき、MCはあなたに最適な職業を示します。私的な生活面を見るとき、人生がうまくいくために統合・表現する必要がある性格を示しています。日常的な人間関係でも、その性格を常に意識して行動に取り入れていくことで、あなたは自信をもって主体的に生きる方法を身につけるようになるでしょう。

MC牡羊座

成功パターン

牡羊座のＭＣを持つ人は、自分の意見をはっきりと主張することで成功の扉を開きます。あなたがどうしたいかを明確に伝えると、それを聞いた人々はそれぞれの立場でどう応えるかを考えて共有できるようになります。これにより、あなたはチームのメンバーが、あなた流のやり方を容認してくれるかどうかをあれこれ憶測する必要がなくなります。協力者が見つかれば、それはあなたのプロジェクトにとっての朗報となります。その一方で、あなたのやり方に乗ってこない人が見つかれば、反りの合わない人を仲間に引き入れるために無駄な時間を使わずに済むことになるのです。

あなたは元々、物事をはっきり言うタイプではなく、周りの人々に注意を払う人です。このため、初めのうちは自己主張するのは怖いかもしれません。しかし、自分の心から湧き出る衝動を関係者にはっきりと伝えることは、あなたが新しい自分自身を発見する道となり、それが最終的なゴールへと導く大切な一歩となるのです。

勇気を出して主張することの副産物として生まれるのは、自分の人生の手綱《たづな》をしっかり握り、心の望むまま嘘偽りのない自分を生きられる喜びと自信です。人付き合いの面でも、相手に自分のやりたいことや感じていることを率直に伝えることで、共依存に陥り推進力を弱体化させるリスクからあなたを守ることになるのです。

成功を阻むハードル

牡羊座のMCを持つ人が最も恐れるのは、自己主張などをして強い態度を示すと、周囲の人から好ましい人物と思われなくなり、居心地が悪くなってしまうことです。みんなとうまく折り合い、外交手腕に長《た》け、協力的な人物という評価を壊したくない、という欲求に囚《とら》われているうちは、あなたの自立心は成長しません。みんなに同調して仲間にとどまるという処世術は、あなたが幼少期に培《つちか》ったサバイバルツールであり、大人になってからは通用しなくなります。

他人に支持されなくなることを恐れるという幼少期の刷り込みを、大人になっても持ち続けていると、あなたは際限なく友人や家族、同僚の希望に沿って生きることになるでしょう。その結果、あなた自身の尊厳や独立心が阻害されるため、不満や落胆に苛《さいな》まれることになるのです。

表面上の調和を保ち、自分の望みを叶えるために他人をコントロールしようとする行いは、真心からの付き合いでないことが相手に伝わり、相手との関係が損なわれていきます。あなたが自分を取り繕うために作るアイデンティティとは、多くの場合、相手が望むあなたの姿を投影したものであり、あなた本来の姿ではありません。

100%自分らしくいられないことからくる不幸感、素の自分で他人と付き合えない居心地の悪さは、あなたの社交性や処世術から一貫性を奪っていきます。そうなると、周囲の人はあなたを自分軸のない〝風見鶏〟と捉え、親密に付き合いたくない人物と認定するようになるでしょう。

自己実現の扉

牡羊座のMCを持つ人が純粋に自分の心の欲求に従って生きることを決心すると、どんな分野でも幸福感を得られるようになります。他人の顔色をうかがい、彼らに迎合するという小手先の処世術をあなたが手放すと、自分の魂の欲求に集中できるようになるからです。そうなると自主独立の気概やパイオニア精神が顔を出し、堂々とたくましく生きる喜びへと発展していくのです。

自分の心にあるものを一切編集することなくそのまま表現するようになると、その姿は周りにいる人にも同様に、自分に正直でいるという選択肢を身をもって示すことになります。自分の人生の舵を自ら取ることは幸福感をもたらし、そういうあなたと自然に調和する人を引き寄せるため、周りの人をコントロールする必要がなくなります。

本当の自分を裏表なくまるごと他者に見せることは、自分の経験や感情を受け止め、表現する生き方の模範を示すことになるでしょう。そして、あなたがずっと求めてやまなかった、親密で忌憚《きたん》のない人間関係を引き寄せることになるのです。

幼少期の刷り込み

あなたの幼少期の環境は、いろんな意味で平和で幸福なものだったことでしょう。日常はおおむね平穏で調和していて、家族との穏やかな暮らしを守るためには、和を乱すような強い自己主張を抑えることが前提となっていました。

幼少期のサバイバルツールとしては、社交術、優雅な振る舞い、調和や美しさを大切にすることが推奨されました。安心できる環境をつくるための初期設定は、誰とでもどんなことにでも〝平和的関係を維持すること〟でした。しかしそのサバイバルツールは、成長して社会に出てからは、パートナーシップを築く際に過剰な依存関係を生み、他人と同調するあまり自分独自の道を見失うというデメリットを生み出します。

幼少期のこの傾向は、前世で誰かと強力なパートナーシップを持っていたことが安泰な人生のベースだったことに起因しています。前世でのあなたには、強い権力や経済力を持つ配偶者、ビジネスパートナー、雇い主などがいて、あなたの人生の安寧と幸福はすべてこの相手が保証してくれていたのです。あなたはこの前世体験の記憶を現世に持ち込み、目の前にある安泰な生活を失うことを恐れ、他人やその時々の状況に対する自分の自然な反応を自分で気づかずに飲み込んでしまうようになっています。しかし、現世であなたを最良の人生へと導くのは、まさにその自然な反応に従って生きることなのです。

あなたの天職

牡羊座のＭＣを持つ人にとって最も幸福感をもたらす職業は、新しいことを始める裁量権があり、自分の仕事に没頭できる環境が整った仕事です。自分で決めた目標に向かって誰にも指示や邪魔をされることなく、心の赴くまま、独自のやり方で進められる仕事で最も開花します。

才能の中心となるのは、まだこの世界に存在しない何かを作り出すために、初めの一歩を踏み出すこと。あなたの中には、戦士さながらの勇気とエネルギーが備わっているからです。どんな分野でも他人の枠にとらわれず、自分の裁量で動き出すことが成功の秘訣。あなたの長所は、自分のプロジェクトを率先して引っ張り、他者にインスピレーションを与えて、あなたをサポートしてもらえる態勢を築くことです。

世間の人があなたを誠実な人物だと評価するとき、あなたは心から充足感を得られるでしょう。自分の心に正直に、ストレートなコミュニケーションができれば、あなたは周囲の人から野心があり、道なき道を真っ先に進み、社会の逆風にひるむことなく自らの直感に従って突き進む、独立心旺盛な何でもできるリーダーとして見られるでしょう。

MC牡牛座

成功パターン

牡牛座のMCを持つ人は、自分の価値観をかかわる人にきちんと伝えることで成功の扉を開きます。仕事を選ぶにも、自分の価値観を反映したものでなくてはならず、その仕事が自らの信じるものを強化していくために役立つことが望ましいのです。どんな職業を選んだとしても、このルールさえ守っていれば成功は約束されているようなものです。

仕事、人間関係、お金など、すべての面で自分にとって何が大切かを自覚し、それを周囲の人たちと共有していれば、あなたが何を目指し、何をしているのかを周囲の人もはっきり理解します。その環境であなたは一点の迷いもなく、自分の道を突き進む強さを得るのです。そして周囲の人たちの価値観を訊ね、共感できればともに歩んでいける仲間が増えていくでしょう。

あなたは元々、他人のニーズや動機が手に取るようにわかる人です。このため始めのうちは、自己主張することで彼らを遠ざけ、孤立することを恐れるかもしれません。しかし自分にとって大切なものをまず関係する人たちにはっきりと伝えることは、あなたと価値観を共有しない人を見分けるスクリーニングとなるのです。そしてあなたに共感する人々と心置きなく進んでいける態勢が整っていきます。

あなたの忌憚ない態度の副産物として、自分の人生を堂々と力強く舵《かじ》取りをしているという自信と安定感が生まれます。あなたには他人をコントロールしたいという欲求を克服し、自分の存在意義を感じられるような道にベクトルを合わせるとき、その道が何であろうと望む成果が約束されているのです。

成功を阻むハードル

牡牛座のMCを持つ人は他人の価値観に大変敏感です。しかし、その洞察力を他人に知られることを恐れています。かかわる人の価値観を察知し、それに自分を合わせて調和を図ることで、あなたは彼らをコントロールできると考えます。人知れずそのような調整をしている限り、それを脅かされることはありませんが、逆に評価されることもありません。これはあなたが幼少期に培ったサバイバルツールであり、大人になると通用しなくなります。

身近な関係者の本音を把握し、彼らをコントロールしていると、そのうちにあなたは自らのアイデンティティを見失っていきます。自分の存在価値を取り戻そうと、周囲の目に映るあなたのイメージをコントロールしようとしても、人々との真の心のつながりはどんどん失われていくでしょう。あなたに関心を持ち、近づいてきた人たちは、他人の操作ばかりしているあなたと付き合ってもあなたの人格を感じられず、親密な関係を築くことはできません。このような秘密主義は、あなたの内面の安定と、人柄を損なうのです。他人を意のままに動かそうという考えが起きると、その先には不毛の地しかありません。

自己実現の扉

牡牛座のＭＣを持つ人が、他人をコントロールするのをやめ、自分にとって価値のあるものに集中し始めると、心には自然に喜びが湧いてきます。下心なく、あるがままの自分で他人と付き合うようになると、そういうあなたに惹かれる人たちが集まってきます。その人たちはあなたが策を弄《ろう》する必要がないほど、ごく自然にあなたと波長が合う人です。

価値観を共有できる人とともにいるとき、あなたは否応なく彼らの自尊心を高めるので、彼らにとってかけがえのない存在になります。純粋に善意から彼らを助ける態勢ができると、あなたの深い洞察力が本領発揮するようになります。自分の本当の姿をそのまま外界に見せるとき、人の深層心理や物事の真相を洞察できるあなたの稀有《けう》な才能は、人を変容させる力となるのです。

こうして人の役に立ち、人やモノを表面的でなく捉えられるあなたの存在が評価されると、自尊心は高まり、不安もなくなるため、平和で安定した日常が確保されていきます。

幼少期の刷り込み

幼少期の環境は、いろんな面において気持ちが休まらないことが多かったのではないでしょうか。両親のどちらかが不安定な、あるいは破壊的な気性の持ち主だったり、家庭内での力関係が安定しないなど、何らかの事情で安心してのびのびと成長する環境にはありませんでした。

具体的な事情が何であれ、人格形成期に家庭環境の緊張感や、「明日はどうなるかわからない」という危機感に晒《さら》され続けたことから、あなたには状況をコントロールしたいという願望が刷り込まれています。そのまま大人になると、不安定な状況ほど馴染みがあり、親しみを感じるという逆転現象が起こります。

あなたが心地よく生きるためのサバイバルツールは、自分の影響力を確保するためにその場の関係者の価値観やニーズを把握する能力を開発することでした。状況に翻弄されることなく身の安全を確保するためには、危機を受け入れ、危機をうまく乗り越えることが必須のスキルだったのです。

身近な人の動きを先取りしてコントロールすることへのこだわりは、危機的状況を日常とした前世の経験に起因しています。あなたは人の心理を読み取る能力や、心を操る戦略に長《た》けているので、大人になってからも自分が属する組織や集団の権力構造を敏感に読み取り、そこで好ましいポジションを確保するべく立ち回ります。しかしあなたが現世で幸福を摑むには、他者にかかわることより自分にとって有益なものを一歩ずつ前に進めて築いていく必要があるのです。

あなたの天職

牡牛座のMCを持つ人にとって最も幸福感をもたらす職業は、基礎から積み上げていく仕事や、未来永劫にわたり世の中に残るものを作るプロジェクトに携わることです。当然ながら、それはあなたの価値観に沿ったものでなくてはなりません。でないと自尊心や自己肯定感が損なわれるからです。

仕事を進める際、自分にとって一番心地よいペースを確保することは、一つの大きな条件と言えるかもしれません。あなたには粘り強さ、忠誠心、着実性という長所があり、大きなプロジェクトでも最終形を見通す能力を生かせる仕事で大きな成果を上げるでしょう。

また金銭管理の能力も備えています。財政、金融、経理などの仕事を任せられると、あなたはバランスの取れたエネルギーを動員し、積極的に取り組むでしょう。

仕事に生かせる能力としては、天性の美声、芸術的センス、五感を使う仕事（マッサージ、料理など）に適性があります。その他にも大地、地面に関係する仕事（農業、生花業など）で才能を発揮します。

あなたにとって満足感を生む社会的イメージは、あなたが安定感抜群で物質的にも豊かな人生を送っていること。自分の力で自分がいいと思うものをじっくり時間をかけて築いていくことで、あなたは心から自分を愛し、自分の人生に充足感を得られるでしょう。

MC双子座

成功パターン

双子座のMCを持つ人は、人と話をすることで成功の扉を開きます。あなたが自由に自分の考えや気持ちを人に伝え、相手の話に耳を傾けていると、人々はあなたに注目します。相手を前にして、その瞬間にあなたの心によぎったことをそのまま忌憚《きたん》なく話すことがカギで、相手がどう思うかとか、自分のイメージを守りたいといった思惑から、自分の意見や態度を調整したりするのはNGです。

その場で何を言ったらいいかわからないとか、自分の本性を見せてしまうと、それに縛られて不自由になってしまうのではないかといった不安から、自己主張するのが怖くなることもあるかもしれません。しかし実際はその逆で、あなたが気さくに自分の意見を言うと、そのあと気が変わったとしてもそのことも遠慮なく話せるようになるのです。

会話のルールは、抽象的な概念や憶測ではなく事実に基づいて話をするということ。あなたが経験したことを事実として共有するとき、周囲の人の心によりストレートに刺さるのです。どんどん質問をして楽しくやり取りをするうちに、あなたに必要な情報が集まり、かかわる全員にとって好ましい解決法が見えてくるのです。

あなたはこのような情報交換が大好きです。日常のやり取りでは、余計なことを言わずに黙っていることで不用意な発言リスクを回避するという方針より、何でも思いついたことを進んで分かち合おうとする姿勢のほうが人間関係を活性化します。あなたの場合、自意識過剰に言葉を慎重に選ぶより、浮かんだ言葉をそのまま正直に言ったほうが成功しやすいのです。疑問や迷いが生じたら、ひとり黙って考えるより言葉にしてしかるべき相手に投げかけ、解明していきましょう。すぐに電話やメールで相手にボールを投げ、コミュニケーションのキャッチボールを始めましょう。

自分の心から湧き出る思いやアイデアを、浮かんだままの純粋な姿で周囲と共有することが、あなたにとって、自分が正しくいることよりずっと重要なのです。それをキープしている限り、どの分野でもあなたは喜びを感じられるでしょう。

成功を阻むハードル

双子座のMCを持つ人が最も恐れるのは、物知りで賢いというイメージが崩れること、どんなことでも何らかの答えが出せるという教師のような立場でいられなくなることです。しかし、いつでも自分が正しいという態度は周囲の人の反感を買います。自分は答えを知っているというセルフイメージは、あなたが幼少期に培ったペルソナ（仮面）で、大人になってからは通用しなくなります。

自分が正しく相手が間違っているという図式を相手側に求めるのは、あなたが自分自身を心地よく受け止めるためです。それをすると、どちらの言い分が正しいかという、終わりのない不毛なバトルに身を投じることになるのです。

逆に、自分が正しいと思えないときの自己否定的な感情は、あなたがのびのびと自分の気持ちや考えを語ろうとする意欲を萎《な》えさせます。いつでも自分が正しくありたいという過剰なプライドは、あなたが心に宿す不安や怒りなどの粗削りな感情をひた隠すことにつながり、感情に蓋《ふた》をして無関心なペルソナをまとう習慣を招きます。これでは、あなたと親しくなりたい人を遠ざけてしまいます。

その結果、あなたの心の安定は、「決して間違ったことをしない人」という姿を貫くことでしか確保できなくなっていきます。この独善的な態度は本人にとっても耐え難く、あなたの醸《かも》す人を寄せつけない態度によって、次第に孤立を深めていくでしょう。

自己実現の扉

双子座のMCを持つ人が、自分はいつでも正しいという態度を改め、人にはそれぞれ違った考えがあり、それが豊かな多様性を支えているという柔軟な姿勢を持つと、幸福感が流れ込んできます。

あなたには泉のように無限に湧き出る好奇心があります。最良のコミュニケーションの形は重たくならないことだと覚えておきましょう。かしこまらず気さくな、その場の思い付きのような軽妙なやり取りが望ましいのです。その軽いエネルギーに生きる喜びや自由に対話をする楽しさが生まれ、それが日常を彩るのです。

　正しいことを言わなくてはならないという縛りを手放し、正しいかどうか検証されていない、今浮かんだばかりの考えをそのまま相手と共有すると、会話がどんどん弾んでいきます。

　双子座のＭＣを持つ人は、自分ではそれと認識していなくても、相手にとって教師のような存在になる傾向があります。会話を通じてあなた自身も周囲の人も気づきを深め、成長していくのです。事実に基づく情報のやり取りをしている限り、会話したことにあなたが縛られることはなく、逆に自由自在に思考を発展させられるようになります。

　人々の目新しい発想を歓迎し、こだわりや偏見のない広い心で意見交換ができると、どんな場所でも、どんな相手とでも自由でのびやかな経験となっていきます。馴染みのある分野だけでなく、まったく自分に縁のない分野に生きる人たちとも、親しくつきあい、興味をもってコミュニケーションを取ると、あなたの人生は豊かで楽しいものになっていきます。

　いつでも誰に対しても、何かしら有意義で正しいことを言わなくてはならないという強迫観念を捨て、偏見や下心のない、リラックスした軽妙なやり取りを習慣づけると、あなたの社会的立場はどんどん望ましいものになっていくでしょう。

幼少期の刷り込み

双子座のMCを持つ人の幼少期はおおむね恵まれていて、自分の希望はほぼ叶えられる自由度の高い環境で育ちました。何らかの豊かさが運命づけられている人です。おそらく両親、あるいはどちらかが一般より経済的・知的水準が高く、豊かな家庭の育ちだったのではないでしょうか。

あなたが育った家庭には、「人はこうあるべき」という家訓のようなものがあり、家族のそれぞれにも模範的行動のルールがありました。道徳的に正しいことが重視され、この社会で安心して生きていくために、正しく生きることは金科玉条となって刷り込まれました。もしかしたら、食卓での会話では、言葉遣いや話題の選び方などの注意を受けた経験もあったかもしれません。そのような幼少期の傾向は大人になっても根強く残り、自分の言ったことが拒絶されたり、正しくないと指摘されたりするのを恐れ、自由で忌憚のない会話ができないという習慣となります。

これは前世で刷り込まれた行動パターンの名残《なごり》で、人生は本質的に良いものだという幸運体質も、同様に前世由来の感覚です。あなたには生まれつき楽天的なものの見方があり、何が起きたとしてもどうにかできる、何とかなるさ、という確信のようなものを現世に持ち込んでいます。

あなたの天職

双子座のMCを持つ人にとって最も幸福感をもたらす職業は、自分の意見を自由に語り、相手の言葉に耳を傾ける、コミュニケーションスキルを必要とする職業です。

たとえば文筆家、教師などの指導者、編集者、セールスやマーケティング関連の仕事に適性があります。メディアを通じて情報や思想を発信・普及するマスコミや、インターネットにかかわる仕事にも適しています。

知的好奇心を満たし、無限に進化できるような環境であなたは生き生きと成長します。事実に基づく情報収集やその共有・発信にかかわること、論理的に情報を整理する仕事に就くと充足感を感じます。天性の人あしらい上手なので、その場限りの社交辞令なども駆使して、軽い会話を楽しみながらほしい情報を得るスキルを持っています。

社会から、そして周囲の人たちから、人付き合いに興味を持っている面白い人物、快活で、ありとあらゆる状況や人々の中に何の衒《てら》いもなく楽しそうにかかわっていく人物と思われていることが、あなたにとって最も好ましい環境と言えるでしょう。

MC蟹座

成功パターン

蟹座のMCを持つ人は、人の感情に配慮することで成功の扉を開きます。身近な人を気遣う立場になると、あなたはやる気や生きがいがふつふつと湧いてくるのです。他者に対する思いやりがあなたに発展の道を開き、そこから自らの成功へと至る道筋がつくられます。

あなたは、成長する過程で情にほだされるのは「弱いことだ」とか「悪いことだ」という概念を刷り込まれているので、あなたが本来持っているやさしさは心の葛藤を呼び、自己矛盾を起こしているかもしれません。いずれにしても、あなたの運命として、かかわる相手や対象となる人々の心情に配慮するとき、魔法のように突破口が開かれるというシーンに遭遇することになるでしょう。相手の気持ちを訊ね、やさしく育《はぐく》むような母性的態度は、それを受けた人々にも同じ配慮をあなたに向けるよう促すので、お互いに自分の弱点や本音を語り合える親密さが育っていきます。

あなたは自分の命運を自分の力で切り開くという意志を放棄するとき、逆に自分の運命の手綱を握っている感覚が訪れるのです。

成功を阻むハードル

蟹座のMCを持つ人が恐れるのは、人々に全幅の信頼を寄せてもらえなくなることです。また自分の感情面での不安定さや弱さによって、人生の安定や体裁が崩れていくことにも恐れを抱いています。このような防御姿勢はあなたが幼少期に培ったサバイバルツールであり、大人になってからは通用しなくなります。

付き合う相手を選《え》り好みし、自分の弱さを見せず、他者に対して壁をつくっていると、早晩あなたは孤立し、親密な関係を誰とも築けなくなってしまいます。

あなたにとって不安要素のない、完全に気持ちを掌握できるような人を厳選して付き合う態度や、人間関係や状況を自分にとってメリットがあるかどうかで判断する姿勢は、他者を遠ざけるだけでなく、無限に人の価値判断を繰り返す悪循環に陥るでしょう。

自己防衛的な姿勢は、のびのびとリラックスしたやり取りを困難にするので、相手もぎこちなく接するようになります。そして気づくと人々の信頼どころか、親しく付き合う人々の輪がどんどん減っていくことになります。

自己実現の扉

蟹座のＭＣを持つ人が、「人とはこうあるべき」という自分ルールを捨て、周りの人にとって真に慈愛に満ちた人物として振る舞うとき、あなたの心は穏やかな喜びで包まれるでしょう。

相手の気持ちを常に考えながら付き合うよう心がけ、演出や誇張のない正直な気持ちを伝え、自分の弱さも隠すことなく共有すると、そこには真実の強さが宿り、望ましい方向へと状況が動き始めます。あなたが弱さを見せると、人は逆にあなたを信頼し始めるのです。

蟹座のMCを持つ人が隠すことなく自分の弱点や失敗を相手に話していると、相手はそこから感情のコントロールの仕方を学んでいきます。相手を職業や財産、地位、利用価値で判断することなく、相手と対等な立場、長所も短所も持っている人間同士、というスタンスで接することで、あなたは幸福を摑んでいきます。

気持ちや気分の変化も柔軟な態度で受け止めるおおらかさを身につけ、母性的な包容力が備わると、あなたの日常にはポジティブな状況や人々が引き寄せられてきます。

幼少期の刷り込み

幼少期の環境は何かと制限が多く、両親のうちどちらかが強権的な態度で子供に接する人だった可能性が高いでしょう。どんな環境であれ、あなたは幼少期のうちから人生設計（どんな仕事を選び、どんな家に住み、どんな人と結婚するかなど）をあらかじめ既定事項のように捉えていたのではないでしょうか。幼少期のこの傾向は大人になっても続き、人生の安定は予測不能なことが起きないようにコントロールすること、そのためには弱さを決して見せない人として振る舞うこと、といった自分ルールがつくられていきます。

こうして安定した将来を確保するためのサバイバルツールとして、あなたは責任ある、みんなに尊敬されるような人格として振る舞うことを条件づけています。自らの身の安全を守るため、人生の統率者として自分だけを信頼してきたのです。

あなたはまだ若いうちから、家族の経済的安定や家系のしきたりの踏襲といった、背負いきれないような重い責任を負わされてきました。これは前世から持ち込んだパターンで、自分の人生はもちろん、一族の命運まで自分の双肩にかかっていた前世の人生体験を現世に持ち込んでいるのです。

あなたの深層心理には、何をおいても義務を果たさなくてはならないという強迫観念があり、自分の個人的な安らぎや喜びを後回しにする行動パターンがあります。あなたは現世で、このような義務や制限の中で生きる人生を手放し、もっと温かみのある、周囲の人とともに安らかに暮らす時間を重視する生き方を学んでいるのです。

あなたの天職

蟹座のMCを持つ人にとって最も幸福感をもたらす職業は、あなたの思いやり、母性が発揮できる仕事、そして他人に関心を寄せ、共感を示すことが求められるような職業です。会社や組織の無機的な歯車として淡々と仕事をこなすような環境ではなく、もっとパーソナルで心を通わせることができる仕事に心地よさを感じます。

家や家庭に縁のある仕事、たとえば不動産、インテリアデザイン、料理、家庭サポート全般などに適性があります。さらに言えば、人々の活動拠点、ホームベース、よりどころとなるような場を作る仕事（物理的・精神的・感情的・スピリチュアルなどあらゆる分野で）でも才能を発揮するでしょう。

蟹座のMCを持つ人の成功のカギは、人々が安心できるために貢献することにあります。あなたの強みは、人の気持ち、人の痛みがわかることで、その繊細な感受性でやさしく人を育み、癒やし、励ます稀有《けう》な才能です。

あなたがキャリアを築くとき、そこには家族的で親密な集団があり、助け合い、愛を感じ合いながら、ともに何かに打ち込んだ結果として成功がもたらされるのです。

社会から、そして周囲の人たちから、愛情深い人物、人の心の機微に敏感で繊細な人、そして自分の気持ちを忌憚なく共有できる人物と思われていることが、あなたにとって最も好ましい環境と言えるでしょう。

MC獅子座

成功パターン

獅子座のMCを持つ人は、自分にとって重要な目標に全力で打ち込んでいくことで成功の扉を開きます。ただし闇雲《やみくも》に突き進むのではなく、他者の評価にも目を向けることが成功には欠かせません。

情熱を持って進めているプロジェクトでも、望むような評価が得られないときは、微調整や方向性の見直しが必要となります。あなたの計画に対する外部からの評価やレビューは、あなたが望むような成功を手にするためにはなくてはならない情報だと覚えておきましょう。

コメディアンは、ステージ上で自分のパフォーマンスが観客に受けているか否かが瞬時にわかります。どのネタが受けたか、どのジョークが最も長く大きな喝采を浴びたかによって、次のステージでは話の内容や表現の仕方を微調整していきます。これとまったく同じように、あなたはステージのセンターに立ち、あなたが対象に選んだ人々の前で自分が用意したプログラムを演じるように、自分の人生を生きる姿を見せることが運命づけられているのです。

幼少期のあなたは、どちらかというと、自分の我を通すより集団の空気を読んで、それに従うことを選ぶほうでした。しかし大人になると、そのやり方では何かとつまずくことになります。自分がやりたいことに専念し、望むような結果を引き出すことにかかわっていくことを覚えると、周囲の声を参考にして自分の計画をさらに盤石なものへと改良していく手腕が身についてきます。

自分の感情を無視してその場を取り繕う癖を改め、自分が何を感じ、どうしたいのかをドラマティックに表現して見せることで、あなたは高揚感と幸福感を感じるでしょう。

成功を阻むハードル

獅子座のMCを持つ人が恐れるのは、感情を表に出さず、冷静沈着な人物というイメージを失うことです。このセルフイメージは、あなたが幼少期に培ったサバイバルツールの結果であり、大人になってからは通用しなくなります。

本心を決して明かさず、無関心を装ってポーカーフェイスを続けていると、人と気持ちを分かち合うことで育まれる親密な絆は生まれません。

あなたの客観的で知識人ぶった振る舞いは、人にあまり好ましい印象を与えません。かかわる人の気持ちよりも知性や論理性を重視した判断を続けていると、その結果は思いもよらないときに唐突に人々の反発となって表れ、あなたにはまったく理解できないような感情の爆発となって降りかかるでしょう。

あなたが人の気持ちに配慮できない人物だというレッテルを貼られると、もう誰もあなたに近寄ってこなくなります。自分の知識の豊富さや、相手より上だという上から目線の態度は人々から距離を置かれ、孤独と不幸に見舞われる未来が待っています。

自己実現の扉

獅子座のＭＣを持つ人は、人の気持ちに無関心な態度を捨て、生きる喜びやインスピレーションをドラマティックに表現することで、どんな分野にいても幸福感を生み出すことができるでしょう。

自分の感情を理性でコントロールするのをやめると、その場その場で湧き起こる気持ちを自由に表現する喜びを味わえるようになっていきます。そして他者に対して蓋をしていた感情が自然にあふれ出し、周りの人に対して愛を伝えられる人になるでしょう。

親しい関係を含め、すべての人に対してあなたがどうしたいかをはっきり伝えると、相手も態度を明確にできるようになります。お互いにどんな人かがわかれば、憶測や迷いなく話が進みます。あなたが理性や知性ではなく、自分の気持ちを他者と分かち合うようになると、周りの人も寛大にあなたを受け入れるようになっていくでしょう。

獅子座のＭＣを持つ人が信頼や情熱について忌憚なく語り出すと、周りもあなたと同様に心のままにコミュニケーションをするようになるでしょう。

感情を押し殺し、理性的で客観的な人物を装う必要がないことがわかると、自分の中にあった多様な感情の全容が初めて見えてきます。そこから生まれる新しい自己表現は、あなたの進化の副産物です。そして新しいあなたの側面はあなたの人生をより豊かに彩り、誰にも何にも囚われない、自由な自己表現の喜びを謳歌《おうか》できるようになります。

幼少期の刷り込み

幼少期の環境は、いろんな意味で実務的で突き放すような態度の、あまり子供に目をかけることがない親だったとチャートには書かれています。おそらく両親、あるいはひとりの親は仕事に追われ、育児に割くエネルギーが不足していたと想像されます。ひとりの人格として尊重されず、生まれてきたことを祝福もされなかったという感覚が本人の心に刻まれています。

幼少期のこの経験から、大人になっても目立つことを好まず、自分の情熱を追求するより世の中の流れに身を任せて無難に生きようとする傾向があります。

あなたのサバイバルツールは、全体が向かう方向を見極め、それに逆らわずに生きることであり、自分の個人的な希望や意見は初めから黙殺するという処世術です。なぜなら、子供時代に自分らしく生きる経験をしていないため、自分が何を求めているかを知らず、手に入れる方法も知らないからです。

自分の個人的なニーズや欲求より全体としての方向や目標を優先させる傾向は、強力な組織の一員として過ごした前世体験によるものです。自分の身の安全や居場所を組織が提供してくれていたことから、あなたは自分の個人的主張を引っ込め、他の権力者が注目を浴びることを当然と捉える習慣を現世に持ち込んでいます。

しかし、現世のテーマはそれを払拭《ふっしょく》することにあり、あなたは自らの欲求を尊重し、才能を開花させてこそ、人生最大の喜びがやってくるのです。

あなたの天職

獅子座のＭＣを持つ人にとって最も幸福感をもたらす職業は、あなたの創造力を最大限発揮できるような仕事です。

才能が開花しやすいのは、子供にかかわる仕事や、エンタテインメント産業、その他クリエイティブなワークを含むことなら何でも向いています。裏方ではなくステージに立ち、スポットライトを浴びることがあなたの本分。あなたの得意な世界でスターになることを目指しましょう。

あなたの強さ、リーダーシップ、意志、そして情熱を動員する仕事で、あなたはどんどん成長し、評価を高めていきます。仕事で成功を収めたいなら、自分の中にある創造の泉を絶やすことなく、常に表現することをやめないことです。

社会や周囲の人から、強い存在感があり、クリエイティブで率直に意見を言う、穏やかで寛大な人物と思われることが、あなたにとって最も好ましい環境と言えるでしょう。

MC乙女座

成功パターン

乙女座のＭＣを持つ人は、目標を決めたら綿密な計画を立て、それに沿って進めることで成功の扉を開きます。

目の前にある状況を分析し、実現可能な事業計画を練り、予想外のことが起きてもルーティーンを変えない……このような方針を守ることで、あなたは成功を手にすることができ、それが最も充実感・達成感をもたらすのです。

日々を生きる上でも日課を決めることは重要で、毎日やるべきことのリストを作ると効率が上がります。計画通りに進めることで、あなたは集中力を維持し、道を逸《そ》れずに済むのです。

しかし、あなたはもともとそういう性質を持ち合わせているわけではなく、本来は計画通りにやることより、他人の痛みに寄り添うことのほうを重視する繊細な人です。安定した日々を確保するには、とりあえず外界の流れに身を任せるのが一番と考えるタイプです。

しかし現世では、計画を立て、それに厳密に従うことのほうが、あなたの心の平和を得る近道なのです。日常の過ごし方、ひいては自分の生きる道を自分で決めることがあなたに自信を与え、かかわる人々との関係も良くなるでしょう。

あなたが自分のルーティーンにしたがって暮らしていると、かかわる人々もそれに合わせて秩序正しくなっていきます。あなたの計画と反《そ》りが合わず、不協和音を生じる人々は去っていくので、信頼の置ける人だけがあなたの周りに残るようになります。

成功を阻むハードル

乙女座のMCを持つ人が恐れるのは、やさしく慈悲深いけれど運は天に任せ、地球よりも宇宙と調和した不思議な人物としてのキャラクターを失うことです。そのキャラクターはあなたが幼少期に培ったサバイバルツールであり、大人になってからは通用しなくなります。

自分の進むべき道を決めることを拒否することで、あなたは人々の中で目立たない存在となり、人付き合いがもたらす喜びから遮断され、あなたの周囲の人は、あなたが持って生まれたスピリチュアルなインスピレーションの恩恵を受けることができません。

あなたはもともと善良で、無条件の愛の持ち主なので、その性質を認め、受け入れてほしいと願っても、周囲の人はあなたと深くかかわっていないため本当のあなたを知らず、残念な結果が待っています。結局、理解者を得られずに孤立し、誤解されて打ちひしがれ、悲劇の主人公のようになりかねません。自分の中にある愛の理想が現実に反映されないため、ますます孤立感を深めてしまいます。そうなると不満や落胆に見舞われ、人生に幻滅していくことになるでしょう。

自己実現の扉

乙女座のMCを持つ人は、宇宙と調和した不思議キャラを手放し、現実世界に根を下ろし、人々に協力的な人物として生き始めると、どんな分野でも幸福感が感じられるようになります。

現実離れした理想を追い求めるのではなく、実際に手が届く理想、実現可能な目標を持つことで自由な生き方を実感できるようになるでしょう。そして、もともと持っていた地球より大きな世界観を、目の前の現実世界に落とし込んでいくためのビジョンが降りてくるでしょう。

目の前の現実の中で、どんなに些末《さまつ》なことでも自分の力でできる範囲の小さなことを一つ一つ行動に移していくと、自分が良いと思ったことが具現化していくことに安らぎと喜びが増していきます。実用的な行動を積み上げると、地に足が付いた感覚が芽生え、もうそれまでのような茫洋とした所在なさや不安感、虚無感が消えていくのです。あなたが持っている高い精神性、スピリチュアリティを実際の生活の場にもたらすための小さな行動の積み重ねは、周囲の人の目に留まり、彼らとの親密な関係構築へとつながるのです。その温かい心の交流はあなたをこの上なく幸福にします。

あなたが生まれつき持っている、宇宙的な大きな愛を物理次元に表現していくこと——これに集中している限り、どの分野でも深い充足感が得られるでしょう。それを定着させるには、毎日を規則正しく過ごすためのルーティーンを持ち、だらだらと夢想の時間に陥らない枠組みをつくることが大切です。

自分や他者、社会にとって有益なものを生み出すために毎日時間を使うことで、あなたは自分の目標を実現するための自信を深め、達成した暁《あかつき》には大きな充足感が得られるでしょう。

幼少期の刷り込み

幼少期の環境は、安心とはほど遠い、何かと混乱することの多い家庭環境だったことがチャートからうかがえます。客観的にはごく普通の家庭だったとしても、自分が陥った混乱やトラブルを切り抜けるには、とりあえず目の前で起きていることに従うのがベストという処世術を身に付けた子供時代だったのではないでしょうか。

具体的な状況がどんなものであれ、結果としてあなたが主体的に行動できる環境ではなかったため、自分の意思で何かをしようという意欲が打ち消され、無気力な姿勢が習慣化してしまったのかもしれません。

幼少期のこの傾向は、人の欠点に対して寛大で、トラブルがあっても動揺しない、超然とした態度を生みます。また、多くを期待しないメンタリティは諦めやすさにつながり、物事が一定の形に成就するまで頑張るという粘り強さが欠落します。

逆の言い方をすれば、何らかのゴールを目指して頑張っていても、外界の大小さまざまな逆風を斟酌《しんしゃく》しすぎて簡単に諦めてしまうのです。外界は常に変化しているので、それに順応して生きることで精一杯となり、自分から何かを始め、より良い環境をつくり、自己実現をするというイメージも発想も持ちません。

このような生き方が生まれたのは、俗世間から隔絶されていたあなたの前世の人生経験がもとになっています。前世のあなたは、おそらく修道院や僧院、山奥の寺院といった一般社会から離れた禁欲的な場所で、衣食住がすべて管理された環境のもと、日がな一日自分と向き合い、魂の浄化にいそしんだ人生を送っています。この前世体験の記憶を現世に持ち込んでいるあなたは世慣れていないため、どこかシャイで、大勢の人が集まる場所が苦手です。

しかし、自己浄化を究《きわ》めて徳を積んだ前世の経験を、現世では人々とともに生きることで拡大していく運命にあります。自分の個人的ニーズをないがしろにするのをやめ、主体的な生き方を身に付けて人と関わるうちに、ずっとつきまとっていた孤独感は自然に消滅していくでしょう。

あなたの天職

乙女座のＭＣを持つ人にとって最も幸福感をもたらす職業は、人を助けることにかかわる仕事です。

理想的なのは医療関係で、医師や看護師、歯科医、代替医療のセラピスト、スピリチュアルカウンセラーなどです。また、組織を管理する仕事にも適性があります。

才能の中心となるのは、混沌《こんとん》とした無秩序なところにある基準を作り、整理整頓して秩序をもたらすこと。細部に目が行き届くので、細かい仕事にも向いています。歯科技工士、精密機械の検品のような、細かいところに注意を払う仕事、特別な配慮が必要な商品の扱いや流通なども、充実感が得られるでしょう。仕分けのセンスがあるため、物事を分析し、分類していく作業などで才能を発揮します。

社会から、そして周囲の人から、勤勉で現実的な人物、細かいことにも敏感で繊細な人、そしてスピリチュアルな理想を現実に落とし込むのが得意な人物と思われていることが、あなたにとって最も好ましい環境と言えるでしょう。

MC天秤座

成功パターン

天秤座のMCを持つ人は、誰かとパートナーシップを組むことで成功の扉を開きます。個人ベースのコミュニケーションが好きで、実際コミュニケーションスキルも持ち合わせているので、ビジネスやカウンセリングなど、誰かと一対一の対話をすることが多い仕事で頭角を現します。仕事や人間関係、金銭面など、どの分野でも、チームプレイヤーとして課題に取り組み、仲間同士で協力し合う態勢がつくれるとき、あなたは生きている実感を感じ、自分が進むべき道を力強く進んでいる喜びを経験するでしょう。

パートナーシップには二通りあります。ひとつは、自立した二人が共存共栄の関係を築くこと。もう一つは共依存と呼ばれるうまくいかないパートナーシップで、自立していない同士が相手に依存し合うという関係です。パートナーシップの理想形は、自立した二人の個人が、それぞれの人生経験や能力を持ち寄り、二人のチームに貢献するというウィンウィンの形です。

天秤座のMCを持つ人が成功を収めるには、パートナーを持つことが不可欠。したがってパートナー候補が目指す目標や人生の方向性が、あなたのそれらと合致しているかを確認することはとても重要です。

しかし、あなたはもともと誰かと一緒に行動する習慣に馴染んでいるわけではなく、本来は「うまく生き延びるには単独行動に勝るものはない」という信条を持って生まれているのです。

そんな独立独歩のあなたですが、出会ったパートナーがあなたと同じ目標や方向性を持っているとき、そのチームは最強のものになるでしょう。気さくに自分の気持ちを分かち合えるとき、相手とのバランスが対等でフェアな関係にあるとき、あなたはこの上ない喜びを感じます。

成功を阻むハードル

天秤座のＭＣを持つ人が恐れるのは、自立した、思いついたらすぐに行動するたくましい人物としてのイメージを損なうことです。

この人物像は、あなたが幼少期に培ったサバイバルツールのようなもので、大人になってからは通用しなくなります。あなたが何らかの決断を下す前に、かかわる人々のニーズや意向を考慮するのを怠ると、すぐに彼らの反発がやってくるため、あなたにとって不都合な状況に陥ってしまいます。

幼少期の習慣に従って自分のニーズや欲求ばかりを追求していると、あなたを待ち受けているのは孤立です。相手の気持ちがわからない自己中《ジコチュー》な人だとひとたび思われてしまうと、もう誰もあなたと親密な関係を持ってくれません。興味のある目標や活動に際限なくエネルギーを費やすこと自体に問題はありませんが、周囲の人と折り合っていくために必要な行動を怠っていると、気づいたときにはあなたにとって居心地の悪い環境が出来上がってしまうでしょう。

自分の意思を通すこと、欲求を満たすことに比重を置きすぎると、周囲の人たちはあなたを遠ざけるようになります。そうなると、彼らがあなたの本当の魅力や長所を見つける機会が減っていきます。こうしてあなたのアイデンティティを守ろうとする行動は、他者と深く知り合い、絆を結ぶ機会を失うという高い代償を払うことになるのです。

自己実現の扉

天秤座のMCを持つ人は、自分の希望を満たそうとするとき、かかわりのある人々の希望を考慮し、みんなにとって望ましいものを志向することで、幸福感がどんどん増していきます。身近な人々が望むことやニーズに配慮することで、あなたの生来の資質であるリーダーシップがワンランク高い能力として光りだすのです。

あなたの行動は、以前のようにあなただけを喜ばせる自己満足ではなく、喜ぶ人の輪が広がっていき、みんなで幸福を共有し、増幅できる大きな喜びへと変化します。

そのうちに、あなたは自分だけでなく多くの人が喜ぶことを実現したときの喜びこそが、真の喜びだということに気づくでしょう。かかわる全員の気持ちや計画に配慮して、周囲の人と調和しているとき、あなたの人格にはやさしさや思いやりが加わります。あなたのその思いやりを見た人々は、心を開いて親密な関係を築こうとするでしょう。その温かい交流は、今度はあなたの心を癒やし、永続的な幸福感へと成長していきます。

天秤座のMCを持つ人が、周りの人たちに関心を寄せ、たくさん質問をしたり彼らの言動を観察したりすることで、彼ら一人ひとりの個性やニーズ、ゴールなどをよりよく理解するようになると、日常が穏やかな幸福に包まれるようになります。自分が目指す目標と同じくらい、周囲の人たちの目標を尊重して行動すると、調和と相乗効果で、あなたやかかわる人々が本来持っている以上のパワーを発揮できるようになるでしょう。

幼少期の刷り込み

幼少期の環境を顧みると、小さいうちから自立を促され、一人の人間として強く生きることを求められたようにチャートには書かれています。育児に関心のある家族から手厚いサポートを受け、すくすくと成長していったのではないでしょうか。年齢よりも早く、独立した個人としてのアイデンティティが認められていたために、あなたは早々に大人の人格を身につけていきました。

人生がうまくいくための自分ルールとして、あなたは必要なものは自力で調達すること、調達できないものは欲しいとはっきり言うこと、そう主張できる勇気などの開発を自らに課してきました。リスクを恐れない勇気、その先にある未知なるもの、まだ見ぬ自分自身を見つけようという好奇心は、あなたの本質的な欲求と呼ぶべきものです。

あなたが生まれ育った家族があなたに求めたような、肝の座った人格を、恐らく大人になっても持ち続けているでしょう。

あなたの前世は、たとえば戦場に行って闘う戦士や、新しい価値を自ら進んで示した先駆者で、時代の価値観に先行し、独立独歩の人生を生きた体験を現世に持ち込んでいます。前世のあなたの生き方は当時の人々にインスピレーションをもたらし、あなたはその勇敢さや自信に満ちた態度、そして実際に道なき道を切り拓いてきた実績を誇らしく思っていたことでしょう。それを可能にしたあなたの純粋さ、好奇心、推進力を生かして、現世では人々とのコラボレーションがテーマとなっているのです。

あなたの天職

天秤座のＭＣを持つ人にとって最も幸福感をもたらす職業は、他者と一対一で向き合うことによって進めるような仕事です。そうして目指すのは人間関係や社会の調和、平和、公平さであり、それを実現することにかかわる仕事なら何でも頭角を現すでしょう。

外交官や調停員など、巧みな話術や人の心に寄り添う感性を要する職業のほか、環境に美をもたらす、インテリアコーディネーターのような仕事にも適性があります。

あなたの才能の中心となるのは美と均衡なので、仕事選びにはこれらの要素を満たすものが望ましいと覚えておきましょう。また、仕事がうまくいくカギとして、良きパートナーとともに進めることが挙げられます。パートナーとは、共同代表のようなビジネスパートナーから、参謀のような相談役まで、流動的に捉えてかまいません。

社会から、そして周囲の人からチャーミングで社交的な人物、ユーモアがあり、えこひいきしないフェアな人と思われていることが、あなたにとって最も好ましい環境と言えるでしょう。客観的な態度を崩すことなく、言動や判断が調和しているとき、つまり、いつでもフェアで楽しい好人物としての立ち位置が確保されている限り、あなたは自分自身を愛することができるでしょう。

MC 蠍座

成功パターン

蠍座のMCを持つ人は、パワフルなパートナーを持つことで成功の扉を開きます。あなたが見込んだ人物を全力で支え育てることにより、あなた自身も成長し、新たな可能性を切り開いていくのです。

自分以外の大切な誰かのゴールにあなたもかかわって向かっていくうちに、またその先にはあなたと組むべき別の相手が現れます。その人物があなたの運命の相手かを見極めるには、二人の未来について考えたとき、心の中に湧き起こる情熱の有無を判断材料にしましょう。

しかし、あなたはもともとそういう性分を持ち合わせているわけではなく、本来は変化を好まず、現状維持を安定の条件と捉えているタイプの人です。仮に現状とは違ったやり方に魅力を感じたとしても、未経験の領域に踏み込むことはあなたにとってリスクであり、居心地が悪いのです。

しかし、あなたがリスクを厭《いと》わず未知の領域にチャレンジする勇気を持ち、新しいパートナーを見つけ、ともに新しいことを始めるとき、あなたはそれまでよりずっとたくましく自由な人格を身に付けるようになるでしょう。

蠍座のMCを持つ人にとって、リスクをあえて受け入れることは自分の運命を切り開くというこの上ない喜びとなるでしょう。人生のどの分野、どのシーンでも現状維持ではなく新しい道を選択するとき、あなたは幸福感を得られるでしょう。

成功を阻むハードル

蠍座のMCを持つ人が恐れるのは、物質界の秩序を乱さない、現実的で信頼のおける人だというイメージが壊れることです。

しかし、そこには意外性の欠片《かけら》もなく、新しい要素が入り込む余地がありません。このイメージをキープしても、自分の中にある無限の可能性も魅力も発掘されることはないでしょう。その先にあるのは、周囲の人からの退屈な人物という評価であり、その結果あなたは孤独になり、自己肯定感も下がってしまうでしょう。

それでも頑固なあなたは現在の自分の日常に固執し、これまで通りの人生を進もうとするかもしれません。安定重視のこのような処世術は、あなたが幼少期に培ったサバイバルツールであり、大人になってからは通用しなくなります。周りの人たちからのさまざまな圧力に対していつでも身を護《まも》ろうとしていると、外圧はあなたにとって脅威でしかなくなります。そういう日々を繰り返すうちに、あなたは自分に対する無力感に苛《さいな》まれるようになるでしょう。

チャレンジによって起きる波風を避け、変化を遠ざけて防御一辺倒のスタンスで生きていると、周囲の人たちとの親密で温かい交流も同時に遠ざけることになります。なぜなら、他人と近づきすぎると、自分が変わらなくてはならない状況に陥りかねないからです。こうして、あなたにとって大切な友人になり得る人々も遠ざけ、硬い鎧《よろい》に身を包むことになるのです。

ガードが固すぎる人物だと周囲に受け止められると、もうあなたと親しくなろうとする人はいなくなります。そうなると、あなたは他人に称賛されるどころか敬遠され、一緒にいても退屈でヘビーな人というレッテルを貼られてしまうでしょう。

自己実現の扉

蠍座のMCを持つ人が頑《かたく》なな心を解放し、他の人たちが価値を見出すものの良さに目を向けるとき、そこには得も言われぬ幸福感が宿ります。身近な誰かの目標に賛同し、あなたもともに目指すとき、二人の個性が融合し、第三のゴールが生まれます。そして目標に手が届いたとき、そこはどちらか一人で目指すゴールよりずっと価値のある場所になっています。

あなたが慣れ親しんだ居心地のいい「快適ゾーン」を飛び出し、あなたが本来持っている潜在能力を使ってみると、周囲の人は目を見張り、あなたに関心を寄せるでしょう。すると他者とのかかわりの中に、それまでのあなたの人生になかった活気と喜びが流れ込んでくるでしょう。

外界とそのようなやり取りができるようになると、あなたは内面から変容を起こし始めます。自ら変化を受け入れると、あなたはますます自分がもともと持っていた力を実感するようになるでしょう。現状維持に固執するのをやめ、心を解放していくにつれ、自分自身や身近な人たちのいいところが見えてくるでしょう。

幼少期の刷り込み

幼少期の環境は、親の目がきちんと行き届く快適な家庭環境でした。おそらく経済的にも不自由なく、必要なものはすべて揃えられていたのではないでしょうか。家族の価値観として、あなたは自分と家族を信頼し、家族が築いたものを護《まも》るため、粘り強く生きることを教えられたことでしょう。

幼少期のこの傾向は、家族への忠誠心、永続する確かなものを築くために一歩ずつ着実に努力する意志、お金や資産に対する執着として定着していきました。大人になったあなたは、この世に生き残るためには快適な環境と経済的安定が不可欠、という価値観を持つようになります。

そのような価値観の背景には、居心地の良い住環境に恵まれ、物理的な豊かさを享受した前世のあなたの生き方が反映されています。前世では物質的に豊かであることが自分のアイデンティティでしたが、生まれ変わった現世では、自分の資産や信条を守るといった保守的な生き方を捨て、未知の世界に飛び出すことで、幸せも、魂の成長の喜びも手に入ることになっているのです。

あなたの天職

蠍座のＭＣを持つ人に最も幸福感をもたらす職業は、ベンチャーなどのチャレンジやリスクをともなう仕事です。分野としては政治、心理、権力に関連のある職場に向いています。ある種の危機感にさらされるとき、あなたは自分が試されているように感じ、ぞくぞくとした生きている実感を得られるのです。そしてその状況でこそ、あなたは本領発揮する人なのです。

喜びの元となるのは常に変化し続ける状況に対応することで、公務員のように毎日同じ仕事をする生活は退屈すぎてとても続きません。そして同じ志を持つ同僚やパートナーがいることも充足感を与えます。あなたには、身近なパートナーの願いを叶える素晴らしい能力があり、その人物が最高峰を極めるとき、あなたもまた魂の成長を経験するのです。

社会から、そして周囲の人たちから、物理的にも精神的にもリスクを厭《いと》わずに攻め続ける人、身近な他者の気持ちや願いを語らなくても理解できる人、そして極限状態でも自分を見失わず、成長を続ける人物と思われていることが、あなたにとって最も好ましい環境と言えるでしょう。

MC射手座

成功パターン

射手座のMCを持つ人は、世間や他人が推奨することではなく、自分がやりたいことを優先させることで成功の扉を開きます。また道徳的・倫理的に道を外れないことも、穏やかな心を維持する秘訣です。

あなたは問題の解決法を探ることが大好きです。あれこれと論理を巡らせて答えを探っているうちに、答えは唐突に降りてきます。どうすべきか迷ったとき、最も理想に近い、高潔な道を選ぶと、なぜかドンピシャにうまくいきそうなビジョンが降りてきて、思い通りになるだろうという確信が持てるのです。そして多少のリスクがあっても、勇気を持って乗り越え、未来を切り開いていけるのです。

しかし、あなたはもともとそういう性質を持ち合わせているわけではなく、本来は周りの空気や他者の承認が気になるタイプです。あなたが自分の目で見て感じたとおりに行動すると、周りの目は魔法のように気にならなくなるでしょう。あなたの心にあることをそのまま率直に伝えると、かかわる全員にとって最良の方向へと導かれていくのです。

人生で経験することはすべて冒険のようなものだと捉えることで、あなたは大胆に生きることができ、少々のリスクやトラブルも楽々と乗り越えていけるのです。国内外を問わず家から遠い場所に旅行に行くことや、自分の知らない領域を探究することは、あなたを生き生きとさせ、自己肯定感が増していくでしょう。

表面を取り繕うだけの社交辞令や心にもない言動を取るのをやめ、誠実でストレートなコミュニケーションを心がけるとき、あなたの日常には楽しく軽快なリズムが生まれ、エネルギーがチャージされていくでしょう。心の中にあるものと、外界に発するメッセージに矛盾がなくなると、あなたの心は平和で穏やかになり、物事の真の姿を理解できるようになっていきます。真実にはパワーが宿るからです。

成功を阻むハードル

射手座のMCを持つ人が恐れるのは、周りの人たちやその考え方と自分とのつながりが切れること、そして何でも器用にこなす人としてのイメージが壊れることとです。

誰とでも違和感なく共存するという処世術はあなたが幼少期に培ったサバイバルツールで、大人になってからは通用しなくなります。自分の在り方や進むべき道を持たないとき、あなたは失速します。波間に浮かぶ木の葉のように、つかみどころのない人物と周囲に思われ、相手にされなくなっていきます。

かかわる全員に対していい人であろうとすると、彼らの雑多な主義主張をまるで自分のものであるかのように全部吸収してしまうことになり、あなたが本来持っているエネルギーを失っていくのです。全員とうまくやろうとすると、あなた個人の軸がなくなるため、他者と誠実に親密な関係を築くことができなくなります。誰にでもいい顔をする人物と思われると、軽薄な人と捉えられ、あなたに興味を持ち親しくなりたいと考える人は減っていきます。「何にでも興味を持つ子供のようなキャラクター」でいると、社交辞令の挨拶はできても、その先の会話ができる人がいなくなってしまうでしょう。

自己実現の扉

射手座のＭＣを持つ人はその場限りの表面的な社交術を捨てて、かわりに物事の全体像に目を向け、真実を見極めようという姿勢を持つと幸福な気持ちが降りてきます。全員とうまくやることより、あなたの軸がどこにあるかを知ることのほうがずっと大事だからです。この姿勢があれば、あなたはいつでもどこでも正確な直感にアクセスできるのです。目先の利便性や利益ではなく、もっと普遍的な、精神性の高い意義を見出そうとするとき、あなたの人格は強く安定し、精神的にも盤石な態勢をつくれるのです。

大事と小事の仕分けは、あなたにとってカギとなるでしょう。些末なディテールに囚われていると、永遠に終わることがありません。より広い、哲学的な指針を持つと、あなたは自分が生きている理由を見出し、取り組むべきこと、無視すべきこと、それらの優先順位が仕分けされていきます。そして自分にとっての真実や、高邁《こうまい》な理想に基づいて生き始めるとき、自分に対する信頼が増し、周囲の人の信頼と尊敬を集めるようになるでしょう。

幼少期の刷り込み

幼少期の環境には、どこか本心を探り合うような人間関係がありました。幼少期から、周りの人たちと折り合うために年齢以上の知恵が求められていたのです。したがって、大人になってからもその習慣を持ち込み、人の心を操る傾向のある人に親近感を感じます。人の心を読んでうまく立ち回ることがサバイバルには不可欠という認識から、あなたは状況を素早く読み解く力、他人の目に何が見えているかを感じ取る力を重視します。幼少期のあなたが相手の心を先読みし、他の誰よりも先んじて行動を起こすことで生き延びてきたことから、そのような能力は欠かせないスキルとなっていたのです。

しかし、大人になってからその力が過剰に働くと、他人の心を読むうちに自分の心をないがしろにしてしまう習慣がついてしまいます。

前世のあなたは恐らく教師や生徒だったことがあり、そのような生き方が根強く魂に刻まれています。あなたにとって、生徒として学び続けることは自然で、その姿勢を永遠にとり続ける傾向を持っています。しかし、現世ではそのスタイルを捨て、学んだことを人と分かち合うことで成功や幸福が得られることになります。あなた自身が行動で示し、他の人々にインスピレーションを与えることでこそ、あなたの魂は成長するのです。

あなたの天職

射手座のＭＣを持つ人にとって最も幸福感をもたらす職業は、とにもかくにもあなたが自由でいられることが条件となります。

適性があるのは海外旅行に縁のある仕事、輸出入関連、アドベンチャーの要素のある仕事などです。

あなたの潜在意識には、自らの限界を超え、まだこの世に存在しないもの、まだ見たことのない景色に対する好奇心、そしてその経験を広く分かち合いたいという欲求があります。場合によっては精神・宗教部門で大成し、オピニオンリーダーや宗教的指導者にもなれるかもしれません。

職業上の充足感は、インスピレーションからもたらされます。そして高邁な理想、宇宙の摂理、高貴な手段など、王道であることが重要です。あなたには生来の楽観姿勢があり、どんな状況でもよりよい未来を描くことができるので、それが周囲の人にとって欠かせないビジョンとなります。

あなたの能力をいかんなく発揮するには、すべてがあらかじめ決められている仕事ではなく、あなたが試行錯誤したりチャレンジしたりできるような、個人の裁量が認められている仕事であることが望ましいのです。つまり大企業の歯車の一つになるよりは、ベンチャー企業の経営者が向いていて、囚われのない発想を生かせればどんどん成長していけるでしょう。

社会から、そして周囲の人たちから、思慮深い人物、哲学的・倫理的な価値観の持ち主、そして世の中のことを考え、道徳をわきまえた誠実な人物と思われていることが、あなたにとって最も好ましい環境と言えるでしょう。

MC山羊座

成功パターン

山羊座のＭＣを持つ人は、自らの感情に囚われることなく、自分の人生のＣＥＯ（最高経営責任者）として責任を持つことで成功の扉を開きます。

あなたにとって重要なのは、具体的な目標設定をして、それが実現するまで決してあきらめないことです。たとえば、家庭内のもろもろのことを首尾よくおさめることが目標だった場合、家族の一人ひとりの感情にいちいち立ち止まることなく、状況を望む方向へと粛々と導いていく潔《いさぎよ》さが不可欠なのです。

自分が公言したことは最後まで守るとか、一度コミット（約束）したことをころころと変えたりしないことは非常に大切です。自分の言動に一貫性と責任を持つことで、あなたは自己肯定感を高め、周囲の人たちにも敬意を払ってもらえるのです。

しかし、あなたはもともとそういう性質を持ち合わせているわけではなく、本来は自分の知らない世界に強い抵抗感があり、周りの人の感情に強く反応・動揺しやすい性質の持ち主です。心の安定や安心は、自分と気持ちを通わせることができる仲間の存在からもたらされるため、あなたにとって相手の感情はとても重要なのです。

しかし、自分の心の安定や望ましい展開が他人次第というのは、あなた自身の力を他者に委《ゆだ》ねるに等しく、望ましいことではありません。かかわる相手にそれほど注目することなく、自分の力で進められれば、他人の動向は関係ないことがわかるし、より自由に生きられるようになるでしょう。主体性を持ち、自ら手綱《たづな》を持つ覚悟さえあれば、あなたは心の底から人生を謳歌《おうか》する喜びを享受できるのです。

山羊座のMCを持つ人が自分の弱さ、傷つきやすさ、自分に足りないものに固執するのをやめ、自らの力を信じて依存心を克服するとき、本当の意味での幸福感を味わえるようになるでしょう。

成功を阻むハードル

山羊座のMCを持つ人が恐れるのは、誰かに守ってもらえる安全な場所を失うこと、強い誰かの羽の下にいられる可愛い存在でいられなくなることです。

あなたは自分の力で未来を切り開くことの厳しさを避け、温かい家族や家族的な人間関係の中で、必要なものを与えてもらえる環境を好む傾向があります。そのような処世術は、あなたが幼少期に培ったサバイバルツールであり、大人になってからは通用しなくなります。

自分のほしいものを他者に調達してもらう人生は、自分の力では生きられない、自分の人生を生きていないという無力感を生み、あなたを幸せから遠ざけます。ほしいものが手に入るかどうかは常に相手の胸三寸で、あなたは相手の顔色ばかりうかがうことになるからです。

繊細過ぎて簡単に傷ついてしまうようなキャラクターをまとっていると、周囲の人はあなたに気を遣うのに疲れ、だんだん離れていくでしょう。自分が安心するために身近な人たちとの親密さを求めるとき、その距離感に息苦しさを感じる人はあなたを避けるようになるでしょう。誰かとの親密さを自分の安心感の糧《かて》にしていると、あなたが意図しなくても相手は縛られているような不自由さを感じ、あなたを負担に思うようになるでしょう。

自己実現の扉

山羊座のMCを持つ人が自らの感情に溺れたり、弱いキャラクターを演じたり、他人を頼るのをやめて、かわりに自分の人生を自らの力で生きる決心をすると、どんな些細なことであってもそれまで感じたことのなかったような喜びが降りてくるでしょう。あなたが現世で成功し、幸福を手に入れるためのカギは、職業でもプライベートな生活でも、自らの権威、自己肯定感を取り戻すことにあります。

自分の人生が安心できるものであるためには他人の存在が不可欠だという考えを捨てるとき、それがどんな分野の活動でも、あなたは不思議と嬉しい気持ちに満たされるでしょう。つまり必要なのは、自分の人生のシナリオは自分が書き、主演も演出も自分でする、全責任は自分が持つという心構えです。責任ある大人としての振る舞いが身につけば、相手の気持ちに寄り添ったり媚《こ》びたりしなくても、周囲の人々からリスペクトしてもらい、親密さも得られるでしょう。

自分が必要とするものは基本的に自分で調達するという覚悟を持つことで、あなたは自分や周囲の人の感情に過剰反応しなくなります。そうなると、周りの人たちはあなたの傷つきやすさに気を遣うことなく、自分の感情を表現するようになります。あなたも相手も自分らしくいられるようになり、そうなればもう誰もあなたを鬱陶《うっとう》しがったり警戒したりしなくなるでしょう。

対等で風通しの良い関係が築ければ、自由で快適な、真に喜びをもたらす親密な人付き合いができるようになります。相手を自分に振り向かせるために使っていたエネルギーを、自分のよりよい未来を築くために使うようになったあなたは、達成感の喜びを手に入れ、他者からの尊敬と信頼を手にすることになるでしょう。

幼少期の刷り込み

幼少期の環境は、一言で言えば、過保護な両親や養育者のもとで育った環境だったとチャートには書かれています。あなたにとって自分を守ってくれる家族がすべてであり、それがなければ生きていけないと刷り込まれて成長したのではないでしょうか。

幼少期のこの傾向が是正されないまま大人になると、家族の庇護《ひご》のない外の世界に対する恐怖心が強くなり、内弁慶で未熟な人物になるでしょう。

子供時代、近くにいた人たちはあなたを受け入れ、保護してくれたものの、彼らもまた情緒不安定だったり依存体質だったりしたのではないでしょうか。その日の気分によって行動が変わるなど、あなたは相手のご機嫌に注目しなくてはならず、親の愛は無条件の大きな愛とは言い難いものでした。

このため大人になったあなたは、自分の属する集団が平和でいるために、メンバー一人ひとりの虫の居所にも非常に敏感になります。一人でも不機嫌や不満、不安を表している人がいると、集団の和が乱れてしまうと考えるのです。そういった習慣から、あなたは近しい人が動揺したり感情的になることを極端に恐れ、それを鎮めることに執心しているうちに、自分にとって大切なことを後回しにしてしまいます。

この傾向は、自分や身近な人たちの気持ちに過敏な性格を身につけていた前世からの遺物です。この前世体験を現世に持ち込んだため、あなたは非常に繊細な情感を持ち、どんな人にも共感できる感情のエキスパートとなりました。

あなたの天職

山羊座のMCを持つ人にとって最も幸福感をもたらす職業は、自分がリーダーになれる仕事です。あなたがCEOの位置にいれば、部下はついてきます。なぜならあなたには生来のビジネスセンスがあり、関係者全員が納得できるような共通の目標に向かって人々を組織する能力が備わっているからです。組織のトップでなくても、それに準じる管理職のポジションでも、人心掌握に長《た》けた優れた企業人となるでしょう。

才能の中心となるのは、自らが率先して目標達成に向かっていく推進力です。人々が集まって同じ目標を目指すとき、そこには権力のバランスや相性といったデリケートな調整が必要になります。あなたには、それらをうまくコントロールして、みんながハッピーでいられるような組織や実務環境をつくる才能が備わっています。世話好きな性格から、かかわる全員が輪の中に入り、不満分子が生まれないような環境をつくるので、人々に慕われ、尊敬されるのです。

社会から、そして周囲の人たちから、几帳面で責任感の強い人物、自分の人生を堂々と生きている、どんな境遇に陥ってもその中でかかわる全員にとって最良の結果を引き出せる人物、と思われていることが、あなたにとって最も好ましい環境と言えるでしょう。

MC水瓶座

成功パターン

水瓶座のMCを持つ人は、自分と同じ志《こころざし》や理想を持っている人と協力することで成功の扉を開きます。

充足感が得られるのは、自分の貢献により人類全体がより明るい未来に向かっていけるような、大きな理想を掲げる仕事です。組織の中ではどの人にも平等にチャンスがあり、ピラミッドのような上下関係のないところで最も能力を発揮します。

キャリア、経済、人間関係にかかわらず、あなたは些末なことにこだわるのではなく、大局的なビジョンを持って行動するのを好みます。目先の利益より、もっと高邁で社会全体にとって好ましいことにエネルギーを注ぐとき、最も使命感が満たされます。人々はあなたのそんな進め方、生き方に賛同し、仲間となって協力を惜しまないでしょう。

しかし、あなたはもともとそういう性質を持ち合わせているわけではなく、本来は単独で目立つ行為を好むタイプの人です。あなたは情熱家で、誰かと行動をともにするより一人で道を切り拓いていくのが性に合っているし、最も簡単だと考えています。

しかし、自分の情熱ではなく、かかわる人たちの主張に耳を傾けることを覚えると、あなたの目標達成率は飛躍的に向上します。あなたには広い視野と大局を摑むセンスが備わっているため、多くの人のニーズや願望を取り入れると、全員にとって望ましいダイナミックな計画が実現するのです。

あなたの同朋《どうぼう》意識と偏見のない価値観は、周りの人たちの目指す夢を実現する力があります。人々の考えていることを客観的に精査し、ともに行動することで結果が出るため、あなたの周りにはどんどん人が集まってくるでしょう。

高邁な理想を現実にするという共通の目標を持つことさえできれば、あなたは自分の人生、運命を主体的に舵取りしているという実感と喜びで満たされるでしょう。

成功を阻むハードル

水瓶座のMCを持つ人は、あまりたくさんの人たちと付き合うと心が通い合う親密な交流ができなくなってしまうのを恐れて、何でも語り合える友人の輪を極力小さくする傾向があります。このような処世術はあなたが幼少期に培ったサバイバルツールであり、大人になってからは通用しなくなります。限定的な友人の輪からはあなたが望むような忠誠心や愛を分かち合える人が見つかりにくく、結果的に不安は解消せず、幸福から遠ざかるのです。

「何があっても友達だよ」とか、「あなたを絶対に見捨てない」とかいったドラマチックな絆を相手に求めていると、その絡みつくような距離感に息苦しさや不自由感を覚えて、人々はあなたから遠ざかっていくでしょう。あなた自身のニーズを相手に理不尽に押しつけていないか、我が身を振り返り、相手の反応に気づくようになるまで、あなたは「どうしてみんないなくなるんだろう」と悩み続けることになるでしょう。

自分のニーズを満たしてもらう人を周りに集めることに執心していると、その先のステージになかなか進めず、本当に欲しい愛が手に入ることはありません。

自己実現の扉

水瓶座のMCを持つ人は、ロマンチックな恋愛や、自分を誰よりも最優先させる忠誠心などを他者から求める自己中心的態度を改め、客観的に人々の自然な姿を観察するようになると、とても楽になり、幸福感が降りてきます。自分目線ではなく、偏見のない態度で人に接するとき、それまで見えなかった全体像が見えてきて、他者とどうかかわれば無理なく協力し合えるかが直感的にわかるようになるでしょう。

人間関係を望ましいものにするためには、自分と同じようにどの人にもニーズや願望があり、それらは等しく尊重すべきであるという、対等な付き合い方が不可欠です。そして個人的なニーズや願望を超越した、より多くの人が求める人道的・普遍的な目標を目指すとき、あなたと同じような目標を持つ人が周りに集まってきて、チームとなって協力し合いながら楽しくゴールを目指せるようになるでしょう。

人がどんな能力を持っているか、チームにどのような貢献ができるかを知るのは楽しいプロセスです。それぞれの人が持つ魅力に気づくとき、あなたの魅力もまた周囲の人の目に留まるようになります。

愛の定義を拡大し、ごく限られた友人の輪ではなく、より広い人類愛に目覚めると、あなたの心は解放され、風通しの良い関係の中からあなたを支えてくれる友人がたくさん現れるでしょう。

あなたが幸福になるための秘訣は、家族のような親しい友人関係の人々に強い忠誠心や、自分に対する愛を求めるのをやめることです。そしてあなたの最も高邁な愛を人々に広く示すことです。寛容で慈愛に満ちた理解者として周囲の人に接するとき、あなたの感情は安定し、泉のように愛があふれてくるでしょう。

幼少期の刷り込み

幼少期の環境は、何かとごたごたの絶えない家庭だったのではないでしょうか。感情の起伏の激しい家族のメンバーに振り回されるのは、子供にとってはかなりの負担です。そんな過酷な環境を生き延びてきた結果として、あなたは強い意志と自信、たくましさを身につけました。

あなたは成長するにつれ、人々を愛し、楽しませる能力を身につけ、サバイバルツールとして多用するようになりました。大人になると、あなたはセンターステージにいることを心地よく感じ、家族や組織の中で目立つ存在になっていきました。

この傾向は、周りの人を楽しませ、元気にさせる人物として生きた前世の名残です。この前世体験で得た徳、良いカルマを現世に持ち込み、あなたは外界がどれほど過酷であっても人生を前向きにとらえ、楽しむ姿勢を持っています。

あなたの天職

水瓶座のMCを持つ人にとって最も幸福感をもたらす職業は、どんな分野でも複数の人々とともに取り組む仕事です。

あなたは、かかわる人々が等しく快適でいられるよう心を配り、情報を全員が共有でき、同じ目標に向かっていけるようにコントロールできる人です。

天職としては、これまでの常識を覆すような分野や商品、テクニック、テクノロジーなどにかかわる仕事に向いています。発明など、まだこの世にないものを生み出すことにとりわけ関心が強いからです。

独立心旺盛なあなたの発想や情熱を削《そ》がれないためには、かなりの自由度のある仕事が望ましいでしょう。

あなたは友情を大切にするので、友達同士のような仲間とともに働くことで効率もアップします。

あなたが充実したキャリアを追求するためのカギとしては、個人の裁量権があり、パワハラなどの上下の不平等がなく、人類共通の幸せに貢献するような人道的な目標のもとで、革新的な価値観を具体的な形にすることです。

社会から、そして周囲の人たちから、人道的でユーモアのセンスがあり、愛情深い人物、親しみやすく偉ぶらない人と思われていることが、あなたにとって最も好ましい環境と言えるでしょう。あなたが独創性を発揮するとき、その先にはきっと社会が求めるものが結実するでしょう。

あなたには大局を見通す広い視野があり、人類愛とも呼ぶべき寛大な愛があるので、宇宙の追い風が吹き、自然に成功するのです。

個人レベルの小さな欲望に囚われることなく、多くの人が求める理想を現実にするために行動するとき、あなたは生きている実感と充実感を味わい、たくましく未来に向かって行けるでしょう。

MC魚座

成功パターン

魚座のMCを持つ人は、芸術的、またはスピリチュアルなビジョンを現実にすることで成功の扉を開きます。

理想的なのはヒーリングなど、人をやさしく包み込むような職業に向いています。自分よりも大きい何か、神の存在、内なるハイアーセルフを信じ、それに導かれるほうが、自力で切り開くよりずっと大きく開花します。

キャリア、人間関係、金銭など、どの分野でも、人や状況をそのまま受け入れるとき、あなたの心はすっきりと晴れ渡り、強さを発揮できるのです。あなたが示す無条件の愛が困難な状況を打開し、心から自分の人生を生きているという充実感を経験できるのです。

しかし、あなたはもともとそういう性質を持ち合わせているわけではなく、本来は身近な人が秩序正しく決まったことを遂行するような環境を好むタイプです。

完璧にこなすことや、人々や状況を子細に分析する癖を手放し、すべてを天に委《ゆだ》ねるとき、あなたは自ら背負ってきた重圧から解放され、身軽で自由になった喜びを味わえるでしょう。

魚座のＭＣを持つ人が人や状況をあるがままに受け入れ、自分の理想に当てはめて変えようとするのをやめるとき、普遍の愛とつながる経験をするでしょう。人の間違った行いを正そうとするのをやめると、身の回りのすべてのものはそのままでいいということ、そしてそれぞれが独自の美しさをもっているということに気づくようになります。

成功を阻むハードル

魚座のＭＣを持つ人が恐れるのは、論理的で実用的、現実をきっちり捉えている人物というイメージを失うことです。

誰かがミスをすると、あなたが真っ先にそれに気づき、指摘するでしょう。このような姿勢は、あなたが幼少期に培ったサバイバルツールであり、大人になってからは通用しなくなります。完璧さを追求すると、その先には失望が待っています。なぜなら人々はあなたを、あら探しをする口うるさい人だと捉え、疎《うと》ましく感じるため、あなたの周りから去っていくからです。

細部に至るまで、きちんときれいになっていないと気が済まないという極度の潔癖さは、自らを牢獄に閉じ込めることになります。あなたの期待にはあなた自身を含め、誰も応えることができないからです。その結果、あなたは落胆し、人間関係も損なわれていくのです。

他人の失敗や至らなさに厳しいあなたは、自分も彼らに批判されることを恐れて彼らを遠ざけることになります。そうすれば批判されることはなくなりますが、親密な関係を築きたい人も遠ざけることになってしまいます。

実際、あなたの独善的な態度は人の至らなさの傾向別にまとめて、そのカテゴリーに入る人をすべて断罪するようにエスカレートしていきます。ネガティブな思いの結果として、あなたは心を閉ざし、家に閉じこもり、寂しく孤独な日々を過ごすことになりかねません。

自己実現の扉

魚座のMCを持つ人が、意識の焦点を物理的な現象から宇宙の大いなる摂理に振り向けるとき、幸福感や解放感が降りてきます。自分の限られた力ですべてをコントロールしようとするのをやめ、すべては完璧なタイミングで起きているということに気づくとき、あなたの人生はうまく回り始めます。

意識転換のカギとなるのは、物事の悪いところを探して変えようとあれこれ苦心するのではなく、物事のあるがままをただ受け入れてみることです。大いなる全知全能の宇宙の摂理に不備はありません。すべては起こるべくして起きているのだ、と理解することができた途端に、新しい秩序が生まれ、日常が変化を始めるでしょう。

スピリチュアルな視点で見ると世界は完璧で、その秩序のもとに物理世界ができていると感じ理解できると、終わることのない安堵と喜びに満たされるのです。

幼少期の刷り込み

幼少期の環境は、何をするにも秩序や計画性を重んじる人によって、すべてが管理されていました。親や養育者から常に「完璧さ」を求められ、与えられた仕事や役割をきっちりこなすことが、家族が平和に存続するために不可欠でした。仕事に対する比重は日常の中では絶対でした。ルールや義務に縛られて生活する習慣を幼少期から身につけてきたため、大人になってからも綿密な計画に基づく生活をしなくてはならないという刷り込みを強く持っています。

しかし、現世でこれをすると、あなたの夢の実現が遠のいてしまいます。

幼少期に身につけたこのようなサバイバルツール（生活空間の整理整頓や、物事を過剰なまでに分析するなど）で得られる安心感は幻《まぼろし》で、自分は完璧でないから成功できないという不足感を招きます。

現世を生きるあなたにとって本当に必要なサバイバルツールとは、恐れや不安よりも自らのビジョンを優先させ、疑念や自信のなさを乗り越えて、ほしいものを手に入れる勇気です。

あなたの前世は何らかの形で人に奉仕する仕事に従事する人生でした。このため、自分が世話をする人々に対する責任感や倫理観を非常に強く持っていたのです。その仕事をミスなく終えることを最優先させ、自分の私生活もそれに合わせるようにして生きてきました。仕事をきっちり遂行するためには常に現実を把握し、対象者を子細に観察することが不可欠だった、その時代の習慣が染みついているのです。

あなたの天職

魚座のMCを持つ人にとって最も幸福感をもたらす職業は、どんなことでも理想を現実に変える、あるいはまだこの世にないものを創造する仕事です。

才能の中心となるのは、詩作などのアートやスピリチュアルなセンスです。そしてそのようなインスピレーションを仕事に取り入れるとき、達成感を感じ、実際に成功するのです。同時に、ヒーリングや問題解決にかかわる仕事にも高い適性を持っています。

人知をはるかに超えた宇宙の叡智《えいち》によってすべては起こるべくして起きているということ

とを知り、宇宙を信頼するとき、あなたは最もパワーアップし、ベストを尽くしたいという意欲が湧いてきます。すべての人に対する無条件の愛と理解を発動するとき、あなたは最も成功します。

あなたが持つ繊細さが生かせる仕事に就き、人々の暮らしを細やかに支えるような日々を送ることが幸せな人生のカギなのです。そしてその結果、苦しんでいる人々が減り、少しでも楽になっていけば、この上ない喜びとやり甲斐を感じられるでしょう。

社会から、そして周囲の人たちから、愛情深い人物、分け隔てなく接する繊細な人、そして忍耐強く寛大で、宇宙の霊的秩序をよく理解している人物、と思われていることが、あなたにとって最も好ましい環境と言えるでしょう。

〈第2章〉

あなたの目標実現を助ける
隠れた才能

（第10ハウスの支配星はどこにあるか）

バースチャートの12のハウスには、各ハウスをつかさどる天体（支配星）があります。

あなたの第10ハウスの支配星を知るには、P31の「本書の使い方」をご参照ください。

第10ハウスの支配星が収まるハウスには、特にキャリアを追求するうえで貴重な情報が隠されています。具体的には、個人的な性格の傾向や才能、やる気やパワーの源泉などを読み解くことができます。これらは主としてキャリアに生かされるものですが、趣味や人間関係、私生活などの個人的な目標達成にも色濃く反映されるでしょう。

（たとえば第10ハウスのサインが牡羊座の場合、支配星は火星です。火星があなたのバースチャート上のどのハウスにあるかを確認し、そのハウスの内容をお読みください。）

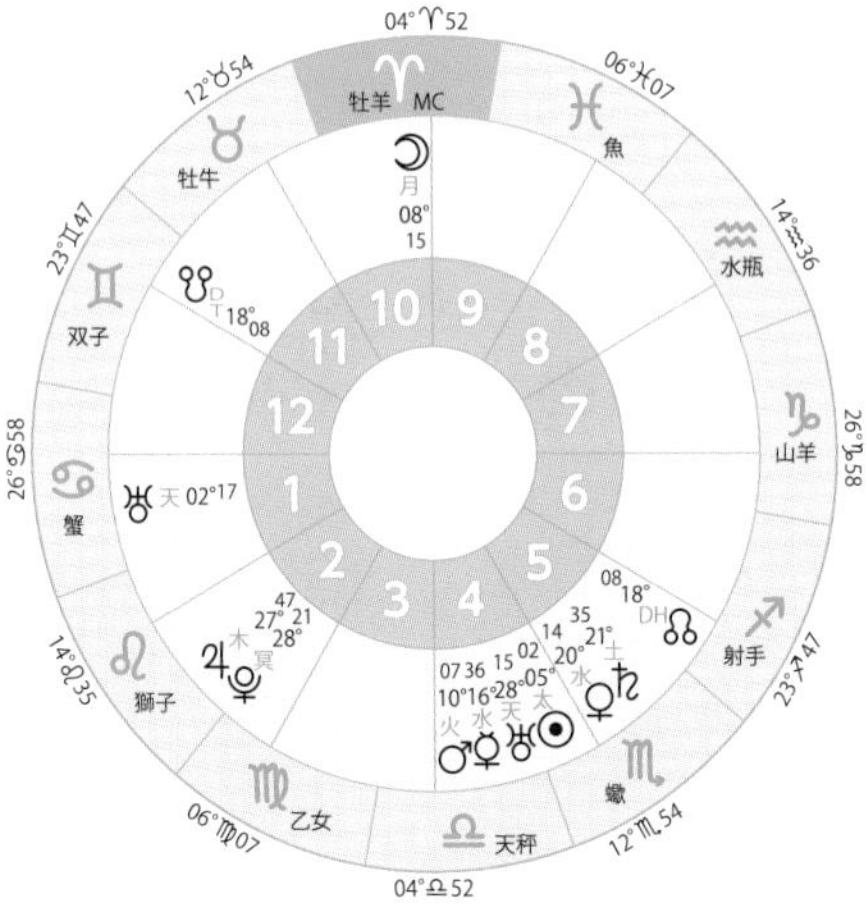

12サインをつかさどる天体（支配星、ルーラー）一覧
第10ハウスのサインから支配星を見つける

あなたのMCのサイン	第10ハウスの支配星
牡羊座 ♈	火星 ♂
牡牛座 ♉	金星 ♀
双子座 ♊	水星 ☿
蟹座 ♋	月 ☽
獅子座 ♌	太陽 ☉
乙女座 ♍	水星 ☿
天秤座 ♎	金星 ♀
蠍座 ♏	冥王星 ♇
射手座 ♐	木星 ♃
山羊座 ♑	土星 ♄
水瓶座 ♒	天王星 ♅
魚座 ♓	海王星 ♆

第1ハウス

あなたの第10ハウスの支配星が第1ハウスにある場合、職業的な成功を収める、または顕著な個人的目標を達成するには、自ら進んで動き出すという主体性が不可欠です。

あなたは何でも自分でやらないと気が済まない性分で、他人に言われたことをするような仕事より、独自路線を好みます。大きな成功を掴むには、直感の力をどこまで活用できるかがカギとなります。

また、自分の仕事やキャリアを愛することは成功や幸福感を得るためには欠かせません。そのためには、自らがイニシアチブを取る必要があるのです。あなたが人を惹《ひ》きつける魅力の持ち主となることも、強力な追い風となるでしょう。

あなたが現世に生まれた目的の一つに、あなたがまだ気づいていない才能を発掘し、それによって世間の評価を得て成功するというものがあります。気づいていない才能といっても多岐にわたり、今よりもっと大胆になることや、周りの空気を無視して独自路線を進むこと、そしてそれが完成するまで丁寧に作り上げることなどが含まれます。

目標やゴールを自分で決めるのは言わずもがなですが、その目標を実現するにあたり、他人任せにしたり、他人に依存したりすることなく、自分が中心になって責任を引き受ける姿勢を保つことで、大きな成功を収められるでしょう。

第2ハウス

あなたの第10ハウスの支配星が第2ハウスにある場合、職業的な成功を収めるには、地道に忍耐強く続ける仕事、そして自分の価値観を反映させた仕事でなくてはなりません。
たとえば、私のクライアントに医師の女性がいました。はじめのうちは大病院の勤務医をしていましたが、あるとき「私が医師になったのは、人に寄り添い、健康を取り戻す手

助けをしたかったからだった。こんなに時間に追われながら短時間診療をしたかったわけじゃない」と気づきました。彼女は休暇を取り、しばらく考えた末に病院を辞めて統合医療（西洋医療と代替医療を統合した医療）の小さなクリニックを開設しました。そこで彼女は自分の価値観を反映した、患者にじっくり寄り添う医療活動を開始しました。

そこでなら患者一人ひとりと好きなだけ時間をかけて、その人に合った治療計画を作り、治療を進められるようになり、その評判はどんどん広まり、クリニックは拡大していきました。現在、彼女は医師としての理想を叶える医療を提供し続けているだけでなく、ほとんどの医師の収入を超えるほどの経済的成功も収めています。

この例が示すように、あなたの仕事はあなたが本当に価値を見出すようなものでないと続かないのです。そしてその条件をクリアすれば、普通の人が到達しえないほどの成果が上がるのです。

あなたが現世に生まれた目的は、自分の基本的な価値観について知ること、自分にとって何が大切かを見つけることです。現世を生きる時間とエネルギーを投じて、どんな価値を地球に創出したいでしょうか？　よりよい未来に向かっていくためにどんなことが必要で、どんなことに魅力を感じるでしょうか？

あなたが現世に生まれたもうひとつの目的は、他人を頼ることなく自力でお金を稼ぐ力を築くことです。あなたはお金の性質について本能的に理解しています。このため、経済や金融分野のキャリアを得ると自然に成長していくのです。

あなたが現世の人生を着実に進んでいるかどうかは、お金をどれだけ稼げるか、蓄財できるかによってわかります。自らの経済状況を上手にコントロールできるようになる過程で、あなたは成長・成熟していくのです。自分を誇らしく思えるくらい経済的に豊かになることは、あなたにとって成長の道であり、喜びを得る方法なのです。

第3ハウス

あなたの第10ハウスの支配星が第3ハウスにある場合、職業的な成功を収める、または顕著な個人的目標を達成するには、コミュニケーション、書く、教える、物販、情報収集、

論理的思考といった、あなたの才能を生かすことです。

あなたは人付き合いや人あしらいが何より得意で、カジュアルに会話しているだけで相手が何を考えているかがわかり、どんな言葉を使えばその相手に刺さるかを素早く察知します。言葉を使う職業はもちろん、的確な意見交換や人の心理に対する洞察が要求される場面で、その能力は何にも代えがたい財産となります。これらの才能を使うことで、あなたは個人的目標を達成したり、輝かしいキャリアを築いていけるのです。

あなたが現世に生まれた目的は、新しい視点やモノの見方・考え方を取り入れて、自分の視点や思考パターンをバージョンアップさせていくことにあります。あなたは現世で言葉や論理性が持つ力について学び、体験します。あなたは生きていくうちに本を読んだり、学校で指導を受けたり、友人から情報を得たりして、世界や現実に対する認識を深めていきます。世界には多様な考え方があると知り、あなたの考えも磨かれていくのです。そのような思考活動や意識の進化を経験することであなたは成功し、それが穏やかな心を維持する秘訣にもなるのです。

あなたが現世に生まれたもうひとつの目的は、兄弟姉妹またはご近所の誰かとの間でつくった過去世のカルマの解消です。解消すべきカルマを持つ相手と出会ったとき、現世の二人の関係からは説明できないような強い感情が湧き起こるので、すぐにそれとわかるでしょう。

過去世のどこかでできてしまった何らかのカルマを解消するには、相手の立場や考えを理解し、それが自分とどれほど違っていても、相手にとって大切なこととして尊重しなくてはなりません。もつれた関係をほどき、すっきりさせるには、あなたのほうからの歩み寄りが不可欠です。相手がやりたいようにさせることにより、お互いを尊重し合い、自由にそれぞれの道を歩んでいけるようになるでしょう。

第4ハウス

あなたの第10ハウスの支配星が第4ハウスにある場合、職業的な成功を収めるには、家族経営のビジネス、または家族のように親密な人間関係を築き、彼らとともに進めるのが

お薦めです。個人的目標を達成するためにも、人の気持ちが手に取るようにわかる、あなたの共感する感性を生かし、仲間を形成しながら思いを達成していくのです。

最も適性があるのは、人を安心させる種類の仕事、あるいは人を育《はぐく》む仕事で、家庭や食に関する分野がいいでしょう。たとえば不動産、インテリアデザイン、飲食業などが候補にあがります。人を育む仕事では、特に感情・心理面での育成にかかわると発展します。他者と共感できる感性を生かし、いたわり合う心を育んでいるうちに、気づけば職業的な成功が実現するでしょう。

あなたが現世に生まれたのは、自分の内面と向き合い、自我意識を拡大させるという目的のためです。人が地球で暮らし、幸福を手に入れるのを妨げるような思考パターンが自分の中にないかを丁寧に探っていき、一つずつ解消していくというプロセスを辿《たど》っていくのです。

幼少期の環境による条件づけに始まり、無意識に刷り込まれたネガティブな思い込みが顕在意識にのぼるたびに、それをポジティブなものに上書きしていくのです。ネガティブな思考パターンは、不安や動揺を生むため、その発生源を根絶することの意義は非常に深いのです。

そしてそのプロセスが完了すると、あなたはまったく新しい、ポジティブな人格の持ち主に生まれ変わります。それこそがあなたが渇望してやまない、精神的に安定した人柄といえるでしょう。これは心の内面の作業であり、自分の意識の中だけで進められるべきプロジェクトです。この目的を現世で達成すると、来世のあなたは一段高い次元で安定した精神性の持ち主となります。

あなたが現世に生まれたもうひとつの目的は、家族関係です。両親、兄弟姉妹、または家族的な関係の誰かとは、過去世のどこかでも関係があり、良くも悪くもカルマを蓄積させています。現世で再会したその相手とは、前回よりもより生産的な関係を築くことで悪いカルマは解消し、良いカルマはさらに良くしていけるでしょう。

第5ハウス

第10ハウスの支配星が第5ハウスにある人の場合、職業はもちろんのこと、何をするにも継続するためには創造力や遊びの要素が必要です。

あなたはムードメーカーで、どの集団の中にいても場を盛り上げるのが得意です。あなたの周りにいるだけで、人は楽しく幸せな気分にさせてもらえるのです。したがって、あなたが職業的な成功を収める、または顕著な個人的目標を達成するには、創意工夫の余地があり、楽しく臨めることが不可欠です。

まるで遊んでいるかのように、のびのびと楽しく仕事をする、または大好きなことを職業にする限り、あなたは幸福でいられます。それが失われたときは、仕事内容、職場環境、あるいは仕事そのものを変えるときが来たのかもしれません。

適職のキーワードとしては、子供が挙げられます。子供のような無邪気さをもってできる仕事、文字通り子供を育てる仕事などは楽しみながら大成できる分野です。そして同時に、あなたが現世に生まれた理由にもかかわりがあるのです。

たとえば、その子供とあなた自身が過去世のどこかでカルマの関係を持っていて、再会したのはカルマの解消を図るためだったかもしれません。あるいはあなたが育てた子供（血縁、他人を問わず）が成長して、取り組んだ活動によってあなた自身もまた成功するという場合もあるでしょう。

あなたが現世に生まれた目的は、心の底から湧き上がる情熱や創造力に従うことです。その先に何があるかは関係ありません。世間体や給料がよいとか、家族や先生に勧められたとかいった理由でなく、純粋に自分が喜びを感じられることをやるとき、卓越した成果が上がり、あなたは自分を誇らしく感じ、その道の権威者となっていくのです。

情熱が感じられ、高揚する対象が見つかれば、それがあなたの運命の道です。

それがキャリアであれ、趣味であれ、あなたが創造力を傾けると、そこには何か素晴らしいものが生まれ、かかわる人々や社会にとって有益な影響が生まれるのです。

第6ハウス

あなたの第10ハウスの支配星が第6ハウスにある場合、職業的な成功を収める、または顕著な個人的目標を達成するには、勤勉さと細部に配慮できる緻密さが求められます。

あなたは多様な要素をうまく取りまとめる才能があります。情報収集に始まり、それらを整理して、雑多な人材や素材をパズルのように絶妙に並べ替えて最良の結果を引き出すのです。この特殊能力は、どんな分野でも戦略を立てるときに大いに役立ちます。現実に即した緻密な計画策定能力はあなたの最大の武器です。そしてもうひとつ、才能があるのはヒーリングや介護に関する分野です。

あなたが現世に生まれた目的としては、無秩序に散らかっている物事や、混沌《こんとん》とした状態を整理していくスキルを身につけ、秩序を取り戻して成長を遂げるといったシナリオが挙げられます。

たとえば、場当たり的に生活する代わりに日課のルーティーンを決めて、それに従うと、何度も同じことをする無駄がなくなり、生活にリズムが生まれ、効率が上がります。また、仕事場や住環境を清潔に整理整頓しておくと、心の雑念もなくなり、自尊心が高まります。細部にまで気を配り、やるべきことをすべてやりきると、自分の人生をうまくコントロールできているという心地よさが生まれます。

あなたが現世に生まれたもうひとつの目的は、毎日を丁寧に生きること。食生活や運動、社会参加など、肉体、精神、社会性の健全さを確保し、時にはレクリエーションで息抜きをする――こういうことがクリアできるとき、あなたは自分を誇らしく感じ、幸福な毎日を生きていると感じるのです。

第7ハウス

あなたの第10ハウスの支配星が第7ハウスにある場合、職業的な成功を収める、または大きな個人的目標を達成するには、身近な相手に配慮できるという、あなたの繊細な感性と観察力を生かすことがカギとなります。

あなたには卓越した外交手腕や交渉能力があり、それを開発することで大きな職業的成功が手に入れられるでしょう。敵対する相手を不快にさせない巧みな話術を買われ、スポークスパーソン（団体の意見などを発表する広報責任者）として人の上に立ち、組織や集団のために働く存在になることもあるでしょう。

あなたが現世で学ぶのは、それぞれ個性を持つ人々が集まる集団や組織のなかで個人の個性を発揮する方法、そして良きチームプレイヤーの在り方です。チームワークはあなたの得意分野であり、メンバー一人ひとりに気を配りながら集団として成果を上げていくのはあなたの真骨頂です。

職業的に成功するにあたり、配偶者やビジネスパートナーを持つことは強みとなるでしょう。なぜなら一人ですべてをまかなうのではなく、二人のチームとなって互いの短所を補い、長所を伸ばして１＋１＝２以上の成果を上げられるからです。

実際のところ、あなたが現世に生まれた目的もパートナーシップを経験することです。配偶者に限らず、ビジネスパートナー、趣味や社会活動の相棒的存在など、すべてが当てはまります。その中には、過去世のどこかで人生を共にした相手がいるかもしれません。現世で再会したのは、互いの目標達成を支援するためという可能性が高いでしょう。

過去世のカルマに取り組む場合、そのパートナーの存在は非常に大きく、出会ったおかげで比類ない名声や富が手に入るケースもあるでしょう。

第8ハウス

あなたの第10ハウスの支配星が第8ハウスにある場合、職業的な成功を収める、または顕著な個人的目標を達成することができるのは、人の深層心理に切り込んでいく洞察力を生かし、人格を変容させることにかかわる分野です。あなたには人の価値観やニーズ、動機などを見通す力があり、より深く理解できるため、彼らが望む方向へと進化するために大きな役割を果たせるのです。

あなたの願望を実現するにあたり、多くの場合、他の誰かの願望を実現する過程にかかわり、互いに協力し合うことで、あなたもその人も納得できるような未来へとつながるのです。

あなたの財産とも言うべきもう一つの資質は、探偵のように鋭く鼻が利く捜査・探究能力です。

また他者の財産を活用することが不思議とあなたの運を開くでしょう。

あなたが現世に生まれた目的は、自分を含む人々の心理について深く理解することです。人と出会い、付き合いを進める中で、あなたは人が何を求め、どこに向かっているのか、なぜそうしたいのかという動機などについて深く学び、人が社会や他者にもたらし得る恩恵と、それを支援する方法について学びます。こうして世の中には多様な価値観があることを体感し、そのすべてが本人にとって正義だということを知ります。そのような視点から、あなたにしかできない協力があり、これを受けた人との深い関係が築かれていくのです。

あなたが現世に生まれたもうひとつの目的は、あなたと財布やベッドを共有する深い関係のパートナーと生きる経験を積むことです。あなたにとってプライベート領域を他者と共有することは簡単ではなく、他者とあなたの個人領域をどうすればうまく折り合っていけるかが課題となります。

しかし、あなたには人の深層心理が見えるという能力があるため、自分にも相手にも望ましいやり方を模索することは十分可能です。そしてその過程でこそ、あなたは成長し、その先の成功を手にすることができるのです。

第9ハウス

あなたの第10ハウスの支配星が第9ハウスにある場合、職業的な成功を収める、または顕著な個人的目標を達成するには、どんな分野でも直感を働かせることがカギとなります。あなたは高次の叡智とつながっていて、ある状況でどうすれば望ましい方向に進めるかが直感的にわかります。論理的に分析するより、直感に従うほうが結果的により良いことが多いと、経験的に理解できるでしょう。

仕事に役立つあなたのもう一つの才能は、広い層に向けた情報発信能力です。直感を生かして伝える情報にはインスピレーションが満載で、持ち前の楽観的な姿勢がさらに情報の魅力を増していくのです。明るい未来のシナリオを描きながら、これらの才能を発揮するとき、あなたは望む成果を手に入れる回路を開きます。

あなたが現世に生まれた目的は、生来の精神性、哲学的な視点や価値観を仕事に反映させることです。あなたには高次の叡智とのつながりがあるため、あなたの言動には誠実さや倫理感が備わっています。目先の状況や短期的利害に左右されない、真実を尊重した正しい行動を取るとき、あなたの言動は輝きを増し、自ずから望ましい成果を引き出せるのです。したがって、あなたが自然に導かれるのは高等教育や、幅広く人々をコントロールする役所など、社会の司令塔に近い職業分野です。

あなたは多様な発信経路、メディアに関心があり、世界の多様な文明や文化にも開かれた視野の広さ、自然な理解と関心があります。これを生かした職業としては、博物館や美術館、海外の文化を扱う仕事、旅行関連などが挙げられます。

第10ハウス

あなたの第10ハウスの支配星が第10ハウスにある場合、職業的な成功を収めるには、主体性と責任感を持ち、自らがＣＥＯとなれるような形を作る必要があります。

　あなたには卓越した実務能力が備わっていて、人材を適材適所に配置し、彼らが気持ちよくあなたのために働ける環境をつくることができます。あなたの成功は、多様な資源やネットワーク、人材を上手にコントロールする力をどこまで発揮できるかに直結しています。

　あなたが現世に生まれた目的は、責任感や誠実さをもって自分の人生を主体的に生きることにあります。具体的には、あなたが複数の人々をうまく束ねて、社会的に意義のある目標達成に向けてリーダーとなって働くことなどが挙げられるでしょう。

　現世は他者とかかわらずに生きる人生ではありません。公的な立場で人々のお手本となるような人格者として生きることが現世のシナリオなのです。したがってプライベートにおいても温厚な人柄が求められ、感情に任せた情緒不安定な言動などは、あなたの評価にマイナスとなるでしょう。

　あなたが現世に生まれたもうひとつの目的は、世の中の上層部、権威を持つ人々との付き合い方を学ぶことです。あなた自身が権力や権威を身につけていく過程で、それを行使することが他者の権威を損なってはならないということを学んでいきます。

部下やスタッフであっても同じ気持ちで同じゴールを目指す姿勢を持つことで、その組織は一丸となって効率よく成果を引き出せるのです。パワハラとは無縁の、心の広いリーダーとして組織をコントロールしていくことは、あなたにとって何より充実感と自己肯定感を高めることになるでしょう。

第11ハウス

あなたの第10ハウスの支配星が第11ハウスにある場合、職業的な成功を収める、または顕著な個人的目標を達成するには、そのゴールに必要な人材のネットワークがカギとなるでしょう。あなたには生来のリーダーシップがあり、仲間と良好な関係を築けるので、彼らとともに有意義なゴール設定をして、その実現に向けて行動できるのです。

この能力は、どんな職業についても財産となるでしょう。あなたにはまた、今の世界に存在しない、新しいトレンドや価値観をいちはやく察知する特殊なアンテナがあります。現行のしがらみに囚われることなく、新しい要素を今の枠組みに取り込んでいくセンスがあります。しかしあなたには偉そうなところがなく、どんな立場の相手とも分け隔てなく接するフェアな流儀が身についています。実際、あなたにとって友情はパワーの源でもあり、この友情の輪からあらゆるものが生まれていくでしょう。

あなたには物事の全体像を見通す広い視野があり、それに基づいて行動するため、人々は安心してあなたについてきます。実際のところ、あなたが現世に生まれた目的は、この広い視野を一般の人々と共有することです。かかわる多くの人々、つまり社会にとって望ましいものをつくるために働くことです。公共性、平等、人道などをキーワードとする仕事によって、そのようなテーマが実現するでしょう。

あなたの仲間として共に生きることになった人たちの中には、過去世で縁のあった人がいるかもしれません。良いカルマの相手とは意気投合し、高め合えるでしょう。その一方で重いカルマを背負って再会した相手とは、深い結びつきを感じると同時に、共同事業を進めるとき大きな障害や課題が立ちはだかります。しかし、現世でそれを克服することがカルマの解消となるので、避ければまた来世で同じことを繰り返すことになるでしょう。

ともに何かを目指す相手にどこまで共感するかという問題は、あなたの課題です。共感した分だけ、あなたは彼らの成功や生存に対して責任を負うことになるからです。

しかし、どの人にも自分の力で解決すべき課題があります。本来、彼らが自分で解決すべき課題をあなたが背負うということは、彼らの成長の機会を奪うことになりかねません。そうならないように気をつけながら、人道的な目標を掲げ、自立した仲間たちとよりよい未来を築いていくとき、あなたは自らの魂の軌道に乗っていると言えるのです。

第12ハウス

あなたの第10ハウスの支配星が第12ハウスにある場合、職業的な成功を収める、または顕著な個人的目標を達成するには、高次の叡智につながるプロセスがカギとなるでしょう。

あなたには人知を超えた領域での解決法が降りてくるという特殊な潜在能力があり、窮地に陥ったとき、どうすればいいかを経験則や分析ではない、ひらめきという形で道を切り拓くことができます。

選ぶ職業は、自分の思い描いたビジョンに沿ったものになるでしょう。

繊細な目に見えないエネルギーや、大いなる宇宙の意思といったものにアクセスしてスピリチュアルな洞察を得ることで、プライベートライフもキャリアも充実していきます。

あなたのキャリアはセンターステージで脚光を浴びる種類のものではないかもしれませんが、その影響力は幅広い層の人々に及んでいきます。

あなたには繊細なアンテナがあるので、人間同士で起きている微妙な波長の不協和音や気持ち、その場の空気など、他の人が気づかないようなデリケートな情報がたくさん入ってきます。いわゆるＨＳＰ（非常に感受性が強い人）のように、それらを処理しきれずに圧倒されて、引きこもりたくなるという誘惑があるでしょう。しかし、あなたにしか拾えないそれらの繊細な情報を高次の叡智に照らし、かかわる人たち全員にとって望ましい打開策を探ることで、あなたは社会とつながり、自己肯定感を増し、その先に世界に貢献できるようになるのです。

あなたが現世に生まれた目的は、人間の英知を超越した、スピリチュアルな価値観を実際に生きて見せることで、多くの人たちのお手本になることが挙げられます。それをするには、まず自らの心の内面と向き合い、無自覚に身につけてしまった自分にとってマイナスな習慣や価値観を見つけて追い出さなくてはなりません。これらは多くの場合、あなたのキャリアでの成功を阻むブロックとなります。潜在意識のオーバーホールができたら、力強く自信をもって未来に向かっていけるようになるでしょう。

現時点までの人生を振り返り、望むような結果が得られることを阻む、ネガティブな思い込みがなかったか、改めて考えてみましょう。

たとえば幼少期に誰かに言われた、自分に対する否定的な認識やトラウマから、自分の可能性の枠を小さく設定したりしているかもしれません。薬物や酒、買い物（爆買い）などの逃避行動、依存傾向があれば、その習慣も根絶する必要があります。

このように、自分にとってマイナスな習慣や認識をすべて捨てると、牢獄から解放されたような爽快感があるでしょう。そうなれば毎日が軽やかで優雅で、喜びに満ちた日々に変わっていきます。

あなたが成功をつかむとき、それはまるで魔法がかかったように進展します。成功の大きさは、あなたがどれだけ高次の存在に協力を仰ぎ、インスピレーションを受け取れるかによって変わるでしょう。成功を阻むのは、あなたのリミッター（自己制御）だけだということをお忘れなく。

〈第3章〉

過去世から受け継がれた特別な才能（第10ハウスにある天体）

あなたのバースチャートの第10ハウスに収まる天体は、あなたが生まれつき持っている特別な才能を示しています。

それは、とりわけキャリアに生かすときや、社会を舞台に発揮するとき、大きな花を咲かせる能力となります。

一般的には第10ハウスに天体が多い人ほど、その人の人生に占める職業やキャリアの比重は大きくなります。

第10ハウスに**太陽**がある人

この位置の太陽は、チャートの持ち主のキャリアやゴール達成にあたり、次のような資質を提供します。

生命力、リーダーシップ、

クリエイティブな解決法、

潑剌《はつらつ》とした精神

あなたにとってキャリアはとても重要です。あなたの人生に目的を与えるのは職業であり、それに打ち込むことで人生が活性化します。

つまり、あなたが生きている喜びや実感を得るには、何らかの社会活動が不可欠です。どんどん外に出ていき、たくさんの人と交わり、社会とつながる行動をするとき、あなたは最も輝き、才能が光ります。社会に生かすことで、その才能はますます磨かれていくでしょう。

あなたの場合、自宅でできる仕事よりは毎日出勤するタイプの仕事のほうが望ましいでしょう。生活空間と切り離した場所に出向くと、気分が引き締まりスイッチが入ります。集中力も高まるので効率が上がります。これは仕事以外でも同様です。たとえば、自宅のホームジムでのエクササイズやオンラインコースで講座を受講するより、スポーツセンターや外部のスタジオに参加したほうがずっと楽しく続けられ、得るものも多くなるでしょう。

もし、あなたが専業主婦（主夫）の場合、あなたが生来持っているリーダーシップスキルや創造力を発揮し、生命力を充電するために、何らかの社会活動をする必要があるでしょう。たとえば、自宅がある自治会の役員、地域のボランティア、趣味の活動など、家族や社会にとって有益で楽しい組織に参加することをお勧めします。

第10ハウスに太陽がある人にとって、常に何らかの明確な目標を持っていることが重要で、目標を掲げると創造力が湧いてくるので、行動を起こし、リーダーシップが引き出されていくのです。具体的で実現可能な目標をイメージすれば、実現に向けて自然にやる気が発動します。キャリアでもプライベートライフでも生き生きと活動し、当然の結果として、望む成果を上げることができるでしょう。

ゴール設定の例としては、たとえばパートナーとの関係が倦怠期に入っているとき、具体的な目標を決めるとすぐに状況に変化が起きます。目標としては、「もっと二人の距離を縮める」「二人で楽しいことをする」「二人のコミュニケーションを増やす」など、モヤモヤした不満を具体的な目標に変換します。あるいは体重を落としたい、増やしたいなどという場合は、いつまでに何キロ、というようにゴールと期間を具体的に設定します。

第10ハウスに太陽を持つあなたは、あなたの資質の一つであるリーダーシップを育て、他の資質と統合させて魂の成長を図ることを、誕生前の計画として持っています。これは人格の研鑽《けんさん》という課題のため、自分の中に明確な意思を形成すること、その実現に対する動機を持つこと、他の活動とのバランスを取ること、そして包括的な成長を図ることなどを段階的にじっくり取り組んでいくことになるでしょう。たとえば、あなたに明確な目標があり、複数の人がかかわっている場合などは、自分の目標達成だけでなく、かかわる人全員の願いやニーズにも配慮して、全員で目標達成できるように行動します。

あなたの創造力やリーダーシップは、職業だけでなく人間関係や家族関係などでも、他者との関係をよりよくするために使われるべきものです。これは一生をかけて取り組むテーマとなり、進化するごとにあなたは前より少し自分が好きになり、自信をつけていくことになるでしょう。

あなたがある目標に向かってリーダーシップを発揮するとき、そのチーム内の誰かがそれに逆らってきたとします。そこでまず浮かぶのは、その人を切ってかまわず進んでいくという選択肢ですが、魂の成長を目指すなら、その反対者の話を聞き、切り捨てることなく全員で目指す道を探ることをお勧めします。こちらが妥協すれば、相手もまた歩み寄ってきます。こうして調整しながら一人でも多くの人の願望達成のために働くことで、あなたのリーダーシップは磨かれていくのです。

試行錯誤を続けながら良きリーダーとなるための経験を積むと、あなたの個人的活動が目に見えて進展するようになります。社会的に注目を集め、その功績が評価されるようになると、あなたのリーダーシップはますます輝き、少しの配慮や気遣いで大きな影響力を持つようになるでしょう。

第10ハウスに月がある人

この位置の月は、チャートの持ち主のキャリアやゴール達成にあたり、次のような資質を提供します。

共感力、母性、親しみやすさ、やさしさ

あなたが感情面で満たされ、心穏やかに過ごすためには、何らかの公的な舞台に立つ必要があります。主として仕事上の役割で社会的に認められるとき、あなたは深い充足感を感じるでしょう。これはあなたの人生が幸福であるためには欠かせない要素です。

ステージに立って話をすること、多くの人々の注目の的になることはあなたにとって非常に楽しく、やりがいのある経験なのです。あなたにはかかわる人々の気持ちがわかり、理性より感情面でのつながりをつくるのが得意です。親しみやすくソフトな人当たりで付き合えるため、人々はあなたのリーダーシップについてきます。

あなたの個性や感じていることを広く外界に知らしめることにより、あなたの心の内面は安定します。対外的に活動するとき、あなたは自分らしさが全部生かされていると感じます。あなたについてくる人たちの面倒を見るとき、あなたは彼らとの間に愛と絆を感じ、彼らをいつくしみ育てたいと感じます。

もし、あなたが専業主婦（主夫）の場合、精神的に安定するためには何らかの公共部門の活動を取り入れる必要があります。たとえば、子供のＰＴＡ活動など、自分の家族やコミュニティに直接かかわるような活動に参加すると、生活に張りができて気持ちも安定します。

人生のどの分野でも、明確で実現可能な目標を掲げることで、感情面での安定に対する欲求が高まり、その結果、実現しやすくなっていきます。たとえば体重を減らしたい、増やしたいなどの目標がある場合、「〇月〇日までに体重を〇〇キロにする」というゴールを決めると、あなたは健康で心が満たされた未来を確保するという目標に重ね合わせ、やる気が倍増します。つまり気持ちを入れて取り組むとき、あなたは俄然パワフルになり、目標達成にも拍車がかかります。

第10ハウスに月を持つあなたは、豊かな感情表現を生かし、あなたの資質である共感能力や母性を育てて魂の成長を図ることを、誕生前の計画として持っています。これは人格の研鑽《けんさん》という課題のため、魂の進化を遂げるという明確な意思を形成することが不可欠です。

あなたにとって感情面を統合し、調和の取れた人格を築くという課題は一生をかけて取り組むべきテーマです。目指しているのは、他者との関係性や距離感の取り方のエキスパートになることです。たとえば、他人と正直な気持ちを分かち合うことを恐れず、気持ちを共有しても自分の軸がぶれず穏やかな心をキープできる強さです。このような課題のハードルを一つ越えるごとに仕事や職場を変える可能性もあるでしょう。あなたは無意識に意識の拡張を求めているので、次々に新たな課題を求めて環境や目標を変えていくことになるでしょう。

あなたが誕生前に掲げたもう一つの計画は、ポジティブ、ネガティブを含む多種多様な感情を洗練させること。そして他者との共感という体験を人生のすべての局面で味わい尽くし、調和の取れた豊かな人格を築くことです。それにはまず、かかわる人々、家族や友人、同僚などが何を考え、感じているかを知り、双方にとってフェアな進め方を決める必要があります。そこに共感力は欠かせない要素となるのです。

自分の気持ちやニーズを偽《いつわ》ることなく、かかわる他者のニーズや目指すゴールとの共通項を探り、調和したチームを形成するのは容易なことではありません。それは自分の弱点を他者にさらし、正直に見解を伝え、相手にも同様にするよう求めることを意味します。その過程を経る以外に、母性的なあなたが双方にとって望ましい計画を立てる方法はありません。あなたの誠実な態度を見て、相手もまた正直に気持ちを分かち合うので、そこには双方が築く共通の場の感覚が生まれ、帰属意識が育っていくのです。こうしてあなたは他者にリスペクトされる存在となり、リーダーシップがとりやすくなります。

もし今、あなたの日常にかかわる誰かがあなたに反駁《はんばく》しているとしたら、それはおそらく、あなたの感情表現の仕方がその相手の不興を買ったせいではないでしょうか。そういう場合は自分のほうから歩み寄り、腹を割って気持ちを確かめ合うのが最善の方策です。誠意をもって、もつれた感情をほぐすとき、互いの性格や生活で知らなかった部分が明らかになるので、二人の親密さは深まるでしょう。

自分の感情を相手に伝える際に、どうすればぶつからずに相手の感情と調和させられるか、試行錯誤を重ねるうちに、相手をやさしく包み込みながら自分の願望を叶え、相手のニーズやゴールも同時に満たすスキルが身についていきます。

洗練された感情表現を身につけたあなたには、多くの人が親しみを感じ、あなたのリーダーシップに従おうとするでしょう。

第10ハウスに水星がある人

この位置の水星は、チャートの持ち主のキャリアやゴール達成にあたり、次のような資質を提供します。

書くこと、人前で話すこと、コミュニケーションスキル、論理性、セールス手腕、学習すること、教えること

退屈を何より嫌い、心に刺激を求めるあなたは、世間の話題に引き寄せられ、注目を浴びることが大好きです。公共性の高い場所は、コミュニケーション力を誇るあなたには打ってつけの自己表現の場です。多くの人の関心を集めることであなたはエネルギーをチャージするので、ますますコミュニケーションが弾みます。あなたがいちばん嫌う退屈と社

会的孤立を回避するには、外に出て行って周囲の人と情報交換をすることが最も有効です。

あなたの頭には常にいろんなアイデアが巡っているので、自分の考えを他者と語り合う場、新しい何かに出合う機会と刺激を求めています。それが最も端的に実現するのが、そういう職業を選ぶことです。それが叶わない場合は、仕事以外の時間に個人的に価値を見出す活動に精を出すこと。たとえば、何らかの主義主張を掲げるＮＧＯ（非政府組織）、ＮＰＯ（非営利団体）、あるいはコミュニティベースの組織、勉強会などが挙げられます。

もし、あなたが専業主婦（主夫）の場合、毎日心穏やかに過ごすためには家の外に出る機会や、何らかの公共的な活動を取り入れる必要があります。たとえば、家族や地元の人々にとって有益なボランティアに参加することなどが挙げられます。なかでもあなたの特技を生かせるのがコミュニティペーパーの記者となり、ローカルな話題について取材したり記事を書いたりすることです。

あなたがどんな人生を送っていたとしても、行動する前に明確な目標を持つことで、あなたはその行動を論理的に捉えるようになり、成功に近づきます。

たとえば体重を減らしたい、増やしたいなどの目標がある場合、「体重を○○キロにする」というゴールを決めると、あなたはそのゴールについて考えるだけで、やる気が倍増します。つまり論理的な計画として取り組むとき、あなたは俄然パワフルになり、目標達成にも拍車がかかります。

第10ハウスに水星を持つあなたは、あなたの資質の一つであるコミュニケーション能力を育て、とりわけリーダーシップを求められる環境で成長を図ることを、誕生前の計画として持っています。これは人格の研鑽という課題のため、常に意識しながら誠実に根気よく成就させるという意志を持つことが不可欠です。あなたにとって他者と心を通わせ、相互にプラスの結果を引き出すスキルを築くという課題は、一生をかけて取り組むべきテーマです。

あなたが現世で学んでいるのは、人生のあらゆるシーンで自分の考えや信条を、他者に誠実に伝える方法、そして両者の間に軋轢《あつれき》や対立を生じさせず、両者にとってプラスの結論を引き出す度量、胆力です。もしあなたが巧みな話術で相手を打ち負かし、相手を言いなりにさせたとしても、それは一時的な勝利に過ぎません。相手の考えや望みを聞き出し、それを尊重したうえでなければ、短期的に思い通りになったとしても最終的には負けるからです。

話し好きなあなたが陥りやすいのは、相手に話す機会を与えず、教師のように一方的に話し続けること。コミュニケーションはいつでも双方向であるべきだということを忘れてはいけません。互いに知らないことを訊ね合い、教え合う謙虚さから相互理解が深まることがコミュニケーションのゴールです。

誠実なコミュニケーションとは、相手の語る内容に純粋に興味を持ち、耳を傾け、自分もまた正直であることです。相手の主張があなたのそれと異なっていたり、正反対だったりしても、それを相手にとって大切なこととして尊重できる懐の深さ、どちらが正しいかという対立構造をつくらないというテクニックを学んでいるのです。

頭の回転の速いあなたは、相手も同じことを考えているだろうという憶測に基づいてどんどんことを進める傾向があります。しかし、早合点して誤解が生じることのないよう、相手の考えや意思を確認するというひと手間をかけると、あなたが相手にコミットしているという熱意が伝わり、意外な情報も聞けるかもしれません。二人の間には、それまでにはなかった共感や親密さが育ち、それまでよりずっと気持ちよく、効率よくことを進められるようになるでしょう。こうして相手はあなたを信頼し、あなたのリーダーシップが磨かれていくのです。

あなたが話をした相手が、あなたに対して否定的な態度を取ることがあった場合、まず疑うべきなのは、あなたが論理を駆使して饒舌《じょうぜつ》に相手を丸め込もうとしていなかったかということ。あなたはそれほど口が達者で、詭弁《きべん》を弄《ろう》する傾向が誰より大きいのです。

特別な才能を持った者の責任として、パワフルな言葉は慎重に使うことを心がけましょう。うっかり自分のことばかり考えて、相手の意向を無視していないか、相手の反応を見ながら会話を楽しみましょう。

こうして試行錯誤を重ね、相手に対する配慮のできる人になると、あなたの周りには協力者が増えていくでしょう。対話を通じて親密な関係の仲間が増えるほど、あなたの成功は拡大していくでしょう。

第10ハウスに金星がある人

この位置の金星は、チャートの持ち主のキャリアやゴール達成にあたり、次のような資質を提供します。

美や芸術に対する審美眼、外交手腕、
社交性、魅力、愛情深さ、明るさ

人に好かれたいという願望を満たすために、あなたは何らかの形で人付き合いを持つ必要があります。

家にいるより外出が好きで、社交性のあるあなたは誰かと何かをしている時間が大好きです。他人に見られているという刺激により、あなたはますます美しく魅力的になっていきます。人々に愛され、あなたも心を開くには職業を通じてのみならず、趣味やコミュニティ活動などで多くの人とかかわることが必須です。気持ちが落ち込んだら、とにかく人のいる場所に行きましょう。美術館やショッピングセンター、イベント、ボランティアなど、どんなきっかけでも社会とつながり、外の風を浴びることでエネルギーがチャージされるのです。

もし、あなたが専業主婦（主夫）の場合、人に好かれ、精神的に安定するためには何らかの社会活動を取り入れる必要があります。たとえば、自分の家族やコミュニティにとって有益な集まりに参加したり、あなたの価値観に合ったＮＧＯ、ＮＰＯ組織での活動もいいでしょう。

人生のどの分野でも、明確で実現可能な目標を掲げることで関心や承認欲求が高まり、その結果、実現しやすくなっていきます。たとえば体重を減らしたい、増やしたいなどの目標がある場合、「○月○日までに体重を○○キロにする」というゴールを決めると、あなたは人々に愛される未来を確保するという目標に重ね合わせ、やる気が倍増します。つまりゴールを心に描いて取り組むとき、あなたは俄然パワフルになり、目標達成にも拍車がかかります。

第10ハウスに金星を持つあなたは、あなたの資質の一つである社交性を育て、他の資質と統合させて魂の成長を図ることを、誕生前の計画として持っています。これは人格の研鑽という課題のため、常に意識しながら誠実に根気よく成就させるという意思を持つことが不可欠です。

あなたにとって、自分の魅力や社交性をどのように使って他者と誠実な関係を築くか、という課題は一生をかけて取り組むべきテーマです。つまり美貌や魅力でハニートラップをかけるとか、社交性を悪用して人を無理やり仲間に引き入れる、といった誘惑に屈してはいけないということです。

そのように独善的な行動に走らないためには、かかわる相手と積極的にコミュニケーションを取って相手をよりよく理解することが不可欠です。相手がどんな人物で、何を求めているのかがわかれば、相手を出し抜くかわりに、双方にとって望ましい解決法を容易に見つけられるでしょう。小手先の安易な方法で目先の利益を取るよりも、倫理的に正しいフェアなやり方を取るほうが長期的に良好な関係が築けることを、あなたは学んでいるのです。あなたの社交性や外交手腕は、誠実な人柄とも影響し合って初めて人々の尊敬を得られ、リーダーシップを発揮できるようになるでしょう。

あなたのリーダーシップに逆らう人がいた場合、それは自分の美貌や魅力の使い方を誤って、エゴを満たしているというサインかもしれません。そのようなことが起きると、人は強い嫌悪感を示します。そんなときこそ外交手腕を働かせ、相手の言い分を聞いてガス抜きをするなど関係修復にあたり、あなたの社交術を磨くチャンスでもあるのです。

そんなふうに試行錯誤を重ねながらあなたが現世で学んでいるのは、人生のあらゆるシーンであなたの魅力を輝かせ、人と良好な関係を楽しむ方法、そして両者が互いに敬意を持って付き合える関係を築くことです。あなたの魂の進化の度合いは、あなたが社会でどれだけ多くの人々に認められ、愛されているかによって測ることができるでしょう。

第10ハウスに火星がある人

この位置の火星は、チャートの持ち主のキャリアやゴール達成にあたり、次のような資質を提供します。

野心的行動力、人の上に立つ勇気、独立心、人々を鼓舞する情熱

仕事やキャリアはあなたをやる気にさせ、熱心に打ち込むので成果も上がり、ライフワークとなっていくものです。

人生に目的意識を持つと自然にエネルギーが活性化するので、何らかの仕事に打ち込み社会参加をすることが、あなたにとって大きな喜びとなるのです。

自分で決めた目的の実現に向けて積極性と責任感を持つとき、あなたには達成に必要なエネルギーが湧いてきます。かかわるメンバーがあなたをリスペクトし、あなたの計画に従うと、あなたはますますパワーアップしていくでしょう。

もし、あなたが専業主婦（主夫）の場合、毎日を元気に過ごし、幸福でいるためには何らかの公共部門の活動を取り入れる必要があります。たとえば、子供のＰＴＡ活動、地域ボランティア、趣味のサークルなど、どんなことでも家の外で過ごす活動を見つけましょう。何か有意義な目標を持つことは、あなたにとって健康維持のためにも非常に重要です。その目的が個人的か社会的かにかかわりなく、何かに向かっていくことで、あなたのスイッチが入るからです。

ただ漫然と過ごしていると、有り余るエネルギーが自家中毒を起こし、鬱《うつ》気味になったり、無気力に陥りやすいので、そういうときはとりあえず家を出て、ショッピングモールでも公園でも、ただの散歩でもいいので行動しましょう。あなたは身体を動かしていないと電池切れを起こすと覚えておきましょう。

人生のどの分野でも、明確で実現可能な目標を掲げるとき、あなたの中に眠っていた野心が覚醒し、それを実現したいという欲求が高まります。たとえば、パートナーとの関係に不満がある場合、それを改善するための具体的なゴール（二人の距離を縮める、もっと一緒に行動する、もっとコミュニケーションの機会を増やす、など）を設定します。目標が決まれば、そこに向かってやる気は自然に湧いてきます。

もう一つの例として、体重を落としたい、増やしたいなどの場合は、いつまでに何キロになる、と具体的な数値と期日をつくります。どこに向かっているかがはっきりするだけで、エネルギーが必要なだけチャージされるでしょう。

第10ハウスに火星を持つあなたは、あなたが潜在的に持っている自己肯定感を育て、洗練させることで、他の資質と統合させて魂の成長を図ることを誕生前の計画として持っています。これは人格の研鑽という課題のため、常に意識しながら誠実に根気よく成就させるという意思を持つことが不可欠です。

魂の成長にかかわる課題がもう一つあります。それは異性とかかわる際のセクシュアリティで、他者とのよりよい関係性を築く過程で成長するというシナリオを持っています。

火星の強いエネルギーはコントロールが難しいため、性欲やエゴの欲望をどこまで抑制し、自己コントロールをマスターできるかは、あなたの人生の落とし穴になり得る重要な課題です。

あなたの場合、目標を定めると、早くそこに行きたいという欲求が誰より強く発動します。このため、なかなか思うように進まないとき、誰かを責めたり怒りを爆発させたりしたくなりますが、それをすると達成が遠のいてしまうのは言うまでもありません。また、性欲のコントロール、性的魅力の悪用も、足元をすくわれる原因になるでしょう。うまくいかないときや、かかわる人たちがあなたに反発するときは、あなたのほうがあるべき軌道を外れていないかを真摯《しんし》に見直すチャンスです。


あなたが現世で学んでいるのは、人生のあらゆるシーンで道なき道を果敢に進む行動力や勇気をどのように表現するか、という点です。それはつまり、あなたの気持ち、動機や計画を他者に誠実に伝える方法、そして両者の間に軋轢《あつれき》や対立を生じさせず、両者にとってプラスの結論を引き出すための度量、胆力となります。

あなたのリーダーシップを最良の形で伸ばすには、自分の望みや立場を正直に他者と共有すること、かかわる人たち全員の言い分をフェアに聞くこと、そしてオープンな対話を絶やさないことが不可欠です。それができればあなたはリーダーとして認められ、メンバー全員が気持ちよく共通のゴールに向かっていけるでしょう。

人にはさまざまな欲望がありますが、火星はそれらの獲得にまっすぐ向かっていく原動力となる、荒々しいエネルギーを持っています。それは途方もないゴールに近づくバイタリティとなる一方で、使い方を誤ると大きな災害を招きます。人の命をつなぐ水は水道の蛇口から出ている限り、何の問題もありませんが、川が氾濫し、人々の生活や命を奪うのも同じ水。あなたに流れている火星エネルギーもこれと同じで、上手に使いこなせないと凶器になり得ると心得ておきましょう。自分の欲しいものを獲得する過程で身近な誰かを蹴散《けち》らしていないか、定期的に振り返る習慣をつくっておきましょう。

あなたが持っている誰より強いイニシアチブ、推進力という才能を、どうコントロールしながら表現するか、いろいろ試行錯誤しながら学んでいくとき、本当の意味での良きリーダーシップの形が見えてくるでしょう。それがどこまで完成に近づいているかは、あなたに従う人の数、プロジェクトの成功の度合いによって測れるでしょう。

あなたにとって他者と心を通わせ、相互にプラスの結果を引き出すスキルを築くという課題は、一生をかけて取り組むべきテーマといえるでしょう。

第10ハウスに木星がある人

この位置の木星は、チャートの持ち主のキャリアやゴール達成にあたり、次のような資質を提供します。

幸運を引き寄せる体質、楽観主義、

他者を元気にする力、

ポジティブ思考

第10ハウスに木星がある人が何か社会にかかわることをするとき、幸運の追い風が吹きます。自分の考えや哲学、信条に沿った職業を選ぶとき、あなたの人生は充実し、至福の時間を過ごせるでしょう。

あなたのスピリチュアルな世界観を何らかの形で広め、周囲の人と共有できるとき、あなたは心から喜びを感じるでしょう。あなたが発信するメッセージはポジティブで発展性があり、人を善意で導くものなので、広まるほどにあなた自身も拡大していくような開放感があるのです。あなたは地上をよりよい場所にするという運命を任された一人です。

あなたが今より行動半径を拡大し、人としても社会的にも成長したいのなら、社会とのかかわりを持つことは不可欠です。もし、あなたが専業主婦（主夫）の場合、心穏やかに毎日を過ごし、幸運を引き寄せるためには、何らかの公共部門の活動を取り入れる必要があります。たとえば、あなた自身や家族、住んでいる町に貢献できるような活動に参加したり、あなたの信条を掲げる組織のメンバーとなる、ボランティアをするなどがいいでしょう。

仕事の上でもプライベートの部分でも、あなたは具体的な目標を持つことで、あなた本来の楽観主義や幸運体質が発動します。すると意欲が倍増し、行動を進めるうちに幸運が引き寄せられ、さらにポジティブな成果を引き寄せるためのパワーが降りてきます。

たとえば、パートナーとの関係が倦怠期《けんたい》に入っていて、もっと温かいパートナーシップを望んでいる場合、もっとラブラブになる、一緒に楽しいことをする時間をつくる、もっとコミュニケーションを取るなど、具体的なゴールを設定することにより、幸運を引き寄せるエネルギーにスイッチが入ります。

第10ハウスに木星を持つあなたは、生まれ持った素質の一つであるリーダーシップを育て、他の資質と統合させて魂の成長を図ることを、誕生前の計画として持っています。素材としてのリーダーシップに誠実な態度や楽観的思考を加えて磨き上げるというプロセスを踏むことが、人生に織り込まれているのです。これは人格の研鑽という課題のため、常に意識しながら誠実に根気よく成就させるという意志を持つことが不可欠です。

あなたが現世で学んでいるのは、人生のあらゆるシーンで自分の考えや信条を、他者に誠実に伝える方法、そして両者の間に軋轢や対立を生じさせず、両者にとってプラスの結論を引き出すための度量、胆力です。

あなたが描く明るい未来に人々を酔わせ、彼らにとって必ずしも好ましくない計画に引き込むなど、あなたの長所が不誠実な形で使われるとき、あなたは周囲の人があなたに寄せる信頼を裏切ることになります。それは一時的にあなたにとって望ましい結果を得られるかもしれませんが、最終的には人々の怒りを買い、あなたは信用を失うという大きな損失を被るでしょう。あなたにとって他者と心を通わせ、相互にプラスの結果を引き出すスキルを築くという課題は、一生をかけて取り組むべきテーマです。

心がけるべきなのは、自分が言ったことを自ら行動で示すこと、あなたのスピリチュアルな信条に従って日々の生活をしなくてはいけない、ということです。プロジェクトを先に進めたい気持ちをセーブして、かかわる人たちの正直な気持ちやニーズを汲《く》み取る時間を取ることは、成功に欠かせないプロセスです。かかわる全員にとって何らかのメリットがあるように、プロジェクト全体を管理するスキルは、リーダーシップの重要な要素です。そこをクリアできれば、あとはあなたが描いたポジティブな成功のイメージは自然にゴールに向かい、幸運の追い風が吹くでしょう。成功を重ねるうちにあなたの評価も上がり、社会にも人々にも明るい発展的な空気が醸成されていくでしょう。

あなたは何事も肯定的に捉え、うまく運ぶことしか想定しないため、トラブルが起きた場合に慣れていません。このため途中で誰かの反発に遭ったとき、どうしていいかわからず、ただその人を切り捨ててそのまま進めようとすることがあります。プロジェクトにストップがかかったときは、この心がけを思い出し、自分の欲求をうまくコントロールして全体としての足並みを調整するチャンスと捉えましょう。

こうして試行錯誤を重ねながら、あなたは持ち前のスピリチュアルな世界観を地上に実現し、かかわる人の全員がウィンウィンとなるような成果を引き出せる人になっていくでしょう。誠実でポジティブなリーダーとしての成長は、あなたについてくる人の数や成功の大きさが物語ることになるでしょう。

第10ハウスに土星がある人

この位置の土星は、チャートの持ち主のキャリアやゴール達成にあたり、次のような資質を提供します。

実務的手腕、タフさ、自分に厳しい姿勢、秩序立った行動、粘り強く結果を出す耐久力、責任感

第10ハウスに土星がある人は、自分の人生には何らかの使命があるという意識をもっています。幼少期から、自分には世の中をよくするためにするべきことがある、という感覚があるのです。顕在意識レベルで具体的なテーマや使命を持たなくても、目の前の人生を、自らの責任を自覚してきっちり生きているだけで（特に職業人生を全《まっと》うすることで）、この使命は果たされるのです。

あなたが自分の人生に意義を見出し、生きている実感を経験するためには、仕事などを通じて社会とのつながりを持つ必要があります。もし、あなたが専業主婦（主夫）の場合、生まれつき持っている目的意識を行動に移し、自尊心を保つためには家の外に出て、何らかの公共部門の活動を取り入れる必要があります。家庭人としてではない肩書を持ち、社会で行動するとき、あなたのリーダーシップスキルは水を得た魚のように成長します。社会の風にさらされて、はじめて成功への意欲が湧きあがるのです。

自分や家族、住んでいる町、世界にとって有益な目的に向かって行動することは、あなたに力を与えます。そのようなテーマを掲げる組織での活動はもちろん、日頃からSDGsを実践することでもいいのです。

物理的に外で活動することが難しい場合は、ネットコミュニティで存在感を示すのでも十分、自己肯定感を満たし、プラスに働きます。ブログで日常のあれこれについて発信したり、時事問題や環境問題などについて家庭での取り組みに関する意見や提案を書くなど、社会とつながる方法はいくつかあるでしょう。あなたの信条を日常に反映させているライフスタイルの記事を読んで、影響を受ける人は少なくないことでしょう。

人生のどの分野でも、明確で実現可能な目標を掲げることはあなたにとって大変重要です。目指す方向やゴールがはっきりしていると、あなたの自分を律する強さや実務能力にスイッチが入ります。

たとえば、パートナーとの関係が停滞していると感じたら、「もっと親密な関係になる」「楽しいことを一緒にやる時間をつくる」「もっと会話を増やす」など、望ましい未来を具体的に決めてみます。それがあると、あなたは持ち前の責任感と問題意識で、実現に向けて自然に行動を始めるのです。目指すべき終着地点が心にあるだけで、まじめなあなたはそこに向かわずにはいられません。あなたには、自分の人生のすべての責任を背負う、自分の人生のＣＥＯとも言うべき体質があります。このため、チーム編成のプロジェクトでも、あなたがリーダーとなったほうがうまくいくのです。


第10ハウスに土星を持つあなたは、あなたの資質の一つであるリーダーシップを育て、他の資質と統合させて魂の成長を図ることを、誕生前の計画として持っています。つまりすべての要素を統括して一つのゴールに向かっていく、責任感と誠実さを兼ね備えたリーダーシップの研鑽という、あなたが一生をかけて取り組むべきテーマです。これは人格の研鑽という課題のため、常に意識しながら誠実に根気よく成就させるという意志を持つことが不可欠です。

その過程で陥りやすいポイントを挙げるとすれば、自分の目標達成にこだわるあまり、他人の存在や権威を損なう誘惑に弱いという点です。その誘惑に負けるとき、必ず後悔するような気まずい、後味の悪い展開が待っています。結果的に目標達成が遠のくので、他人の権利をないがしろにするようなことは慎むようにしましょう。

多くの人があなたに敬意を払い、あなたのリーダーシップに従うのは、あなたが職業を通じて自己実現をしているときでしょう。とは言え、キャリア以外の人間関係や家族、趣味の分野でも、誠実さや思いやりを持ったリーダーとしての資質を磨いていくことになるでしょう。

あなたにとって、それは周囲と足並みをそろえることであり、自分本来のペースを落とし、遅れたメンバーが追いつくまで待ってあげる思いやりが必要です。良きリーダーはメンバー各人の長所や短所を知り、適材適所の機能軍団を形成し、一丸となってゴールに向かう指揮官です。それができれば、人々はあなたを慕い、敬意を払い、喜んで協力を惜しまないでしょう。

もし誰かがあなたに反発したら、それはおそらく、あなたが自分の計画にこだわるあまり、相手のニーズや願望を軽視した結果でしょう。あなたの方針や行動に対する反発や異論が出たときは、一旦停止して、自らの落ち度がないか見直してみましょう。メンバー全員にとってプラスのやり方を模索するためのコミュニケーションは欠かせません。メンバーが計画を理解し、全員にとって不利益が生じないプロセスやゴールを微調整してつくることで、あなたのリーダーシップはさらに磨かれていくでしょう。

試行錯誤を重ねながら人々が支持してくれるような権威を高めていくとき、あなたの人心掌握のスキルは大きな財産となるでしょう。誠実で責任感あふれるリーダーとしての成長は、あなたについてくる人たちの数や成功の大きさが物語ることになるでしょう。

第10ハウスに天王星がある人

この位置の天王星は、チャートの持ち主のキャリアやゴール達成にあたり、次のような資質を提供します。

革新的発想、前例のないアプローチ、発明、創造性

第10ハウスに天王星を持つあなたは、自分の職業を遂行するにあたり、斬新な決断をし、革新的な解決法で道を切り拓いていける人です。

あなたは独立独歩の仕事環境を好み、他人のもとで働くことを好みません。公務員のように決められたことだけをこなすルーティーンワークも、創造性を発揮できないためフラストレーションやストレスを溜めてしまうでしょう。

権威を持った他人のもとで働くことにも適していません。あなたは権威に対して反抗心を強め、従順な行動を拒絶するからです。頭の回転が速いため、伝統や現状維持を最良として、稟議《りんぎ》を重ねてから行動するといったスローで古い進め方には到底収まり切れません。

あなたには未来に起こることが見えるという稀有な能力があるため、他の人が苦労してゴールを目指すのを横目に、誰より先に目的地にたどり着く力が備わっています。実際、あなたが選ぶ職種も分野も、クリエイティブでワクワクする新しい分野ではないでしょうか。社会的に注目を浴びる行為はあなたを刺激し、自由と喜びを享受しながら、革新的な成果を引き出す原動力となるのです。

新しさや生き生きとしたエネルギーに絶えず触れているためには、社会とのつながりを持つことが不可欠です。もし、あなたが専業主婦（主夫）の場合、家の外に出て何らかの活動をする必要があります。社会に出て活動することは、あなたのリーダーシップスキルを磨くだけでなく、エネルギーをチャージできる経験となります。あなたの信条や理想を実現するための活動や、家族や住んでいる町にとって有益なテーマを掲げる組織に参加するなど、いろいろ試してみることをお勧めします。

人生のどの分野でも、明確で実現可能な目標を掲げることがあなたの創造力を刺激するため、目標は実現しやすくなっていきます。たとえば、パートナーとの関係が停滞していると感じたら、「もっと親密な関係になる」「楽しいことを一緒にやる時間をつくる」「もっと会話を増やす」など、望ましい未来の姿を具体的に決めてみます。

あるいは体重を減らしたい、増やしたいなどの目標がある場合、「体重を○○キロにする」というゴールを決めると、あなたはその結果を実現するためのユニークな方法を次々に思いつき、やる気が倍増します。つまり何かに向かって行動するとき、あなたは俄然パワフルになり、前代未聞の目標達成法や手段を思いつくかもしれません。

第10ハウスに天王星を持つあなたは、あなたの資質の一つである革新的発想力を育て、他の資質と統合させて魂の成長を図ることを、誕生前の計画として持っています。あなたにとって未来志向的な発想力を生かして最良の結果を引き出す、という課題は一生をかけて取り組むべきテーマです。これは人格の研鑽という課題のため、常に意識しながら誠実に根気よく成就させるという意思を持つことが不可欠です。

あなたが現世で学んでいるのは、人生のあらゆるシーンで自分の革新的な考えや信条を、他者に誠実に伝える方法、そして両者の間に軋轢や対立を生じさせず、両者にとってプラスの結論を引き出すための度量、胆力です。あなたは大半の人々と違う価値観を持つことが多いため、思いついたままに行動すると、往々にしてごく普通の人々に衝撃を与えかねません。人は現状維持を好み、未知のものや変化を嫌うものです。このため、あなたが自分の画期的な計画を周囲に知らしめ、協力を得るためには、彼らに与える衝撃をマイルドな形にして表現するスキルが求められるのです。

もし、誰かがあなたに反発したら、それは恐らくあなたが「緩衝材《かんしょうざい》」を入れるというひと手間を忘れたからでしょう。それが起きたら、ひとまず計画を止め、彼らが抵抗している部分について丁寧に話をするようにしましょう。あなたに見えているより良い未来の姿を、彼らにもわかるように説明できれば、納得してついてきてくれることでしょう。

人より一歩先の未来を生きるあなたが、試行錯誤を重ねながら一般の人々と協調して進めるスキルを身につけると、あなたのリーダーシップはさらに磨かれていくでしょう。革新的でユニークなリーダーとしての成長は、あなたについてくる人々の数や成功の大きさが物語ることになるでしょう。

第10ハウスに海王星がある人

この位置の海王星は、チャートの持ち主のキャリアやゴール達成にあたり、次のような資質を提供します。

深い洞察力、想像性、繊細さ、霊的能力、理想主義、芸術性

第10ハウスに海王星を持つあなたは、宇宙の大いなる流れに沿う生き方を潜在的に持っています。

あなたには大らかなやさしい心で万物を捉える感性があります。それは特にあなたの選んだ仕事によって顕現するでしょう。社会的影響力を持つことでその性質は刺激され、職業を遂行しながら無条件の愛を世界に広めることになるでしょう。

個人の力を超越した大いなる宇宙の潮流に最もよく触れるには、社会とのつながりを持つことが不可欠です。もし、あなたが専業主婦（主夫）の場合、その芸術的センスやスピリチュアリティを開花させるには、何らかの公共部門の活動を取り入れる必要があります。たとえば、地元の寺院や教会でのイベントやボランティア活動への参加、家族や住んでいる町にとって有益な活動などに参加するといいでしょう。

また、もっと広い世界にオンラインやリアルの活動で参加したり、あなたの信条に合った組織で仕事を手伝うのもお勧めです。

職業に限らず人生のどの分野でも、明確で実現可能な目標を掲げることで、あなたの想像力が高まり、実現しやすくなっていきます。たとえばパートナーとの関係が停滞していると感じたら、「もっと親密な関係になる」「楽しいことを一緒にやる時間をつくる」「もっと会話を増やす」など、望ましい未来を具体的に決めてみます。ゴールが決まると、それが現実になったときの様子が容易に想像でき、よりスムーズに実現します。

あるいは体重を減らしたい、増やしたいなどの目標がある場合、「体重を○○キロにする」というゴールを決めると、あなたはそのプロセスを大いなる力に委ね、不思議な力が降りてきます。ただし、あまり視野が狭く、物質界に偏《かたよ》った現世的目標の場合、それを拒絶する意志が働くことがあります。あなたが選ぶ目標やゴールには理想を実現する、大いなる宇宙の意思との整合性が必要だからです。

第10ハウスに海王星を持つあなたは、特にあなたがリーダーとなって行動する場面で、あなたの資質である創造力や大いなる宇宙の流れを見通す感性などを育てて、魂の成長を図ることを、誕生前の計画として持っています。これは人格の研鑽という課題のため、常に意識しながら誠実に根気よく成就させるという意思を持つことが不可欠です。その過程で、あなたは誠実であることの意味を深く理解するようになっていくでしょう。そしてあなたの豊かな想像力を使って、他者をミスリードすることなく、自分の軸に忠実に、正直で責任感ある生き方を体現していくのです。

幻想と現実を識別し、誠実さを旨《むね》とする姿勢を身につけられるまでは、あなたの気まぐれやファンタジーに周囲の人たちを付き合わせることがあります。豊かすぎる想像力が災いして、ときにはあなた自身が自らの妄想に囚われて道を外れることも起こるかもしれません。目標達成に向かう途上でそれが起こるとすれば、自らを崇高な「救世主」と思い込んだり、逆に「悲劇の主人公」や「殉教者」に仕立てたりすることも考えられます。

しかし、幻想を使った扇動には限界があります。そのプロジェクトにかかわる全員にとってプラスの成果を引き出すものでなければ、脱落者が続出してうまくいかないでしょう。楽しくワクワクするファンタジーでも、あまりに現実と乖離《かいり》すると、あなた自身の信用を損ねることになりかねません。無制限に広がるイメージには歯止めをかけ、人々がついて来られるかを精査する理性や、人々に対する誠実さのどれが欠けても、全員にとって残念な結果を招くのです。


あなたが現世で学んでいるのは、人生のあらゆるシーンで自分の想像力や理想を、他者に誠実に伝える方法、そして両者の間に誤解や軋轢を生じさせず、両者にとってプラスの結論を引き出すための度量、胆力です。留意すべきなのは、自分の目指す理想やゴールに向かって創造力を羽ばたかせるより前に、かかわる人たちのゴールに思いを致すことです。これができれば、彼らを脱落させることなく、全員にとって有益な目標達成に向けて進んでいけるでしょう。

あなたにはそのために必要な繊細さ、感性が備わっているからです。このやり方でいけばあなたは人々の信頼を集め、良きリーダーとして尊敬されるようになるでしょう。

あなたにしか見えていない、そのゴールが持つ霊的な意味を広く知らしめ、関わる人々の人生にスピリチュアリティをもたらすことなどが歓迎されるでしょう。

もし誰かがあなたに反発したら、それは恐らくあなたが自分の目標達成にこだわるあまり、真実から遠いファンタジーを広げ過ぎたことと関係があるでしょう。それが起きたらひとまず計画を止め、どうすれば彼らが抵抗している部分について折り合いをつけられるかを検討しましょう。

非物質界のビジョンが見えるあなたが、試行錯誤を重ねながら一般の人々が生きる現実の中にあなたの表現力を生かすスキルを身につけると、あなたのリーダーシップはさらに磨かれていくでしょう。

繊細なエネルギーが見えるスピリチュアルリーダーとしての成長は、あなたについてくる人々の数や成功の大きさが物語ることになるでしょう。

第10ハウスに冥王星がある人

この位置の冥王星は、チャートの持ち主のキャリアやゴール達成にあたり、次のような資質を提供します。

人をやる気にさせる、カリスマ性、
不可逆的変化を起こす、
変容を促す錬金術

第10ハウスに冥王星を持つあなたは、公の場での積極的な活動を通じて自らの変容を経験し、パワーアップしていくという運命を持っています。キャリアや仕事といった社会の場面で、あなたが最も恐れるものに直面しますが、社会的成功はリスクを恐れず果敢に進んでいくことができるかどうかにかかっています。

あなたには大きな潜在能力があるにもかかわらず、それを簡単には出さないという傾向があります。自信のなさや世間に拒絶されることを警戒するあまり、本来の力を隠してしまうのです。自分本来の姿を隠したままでは、あなたが持つ魂の輝きは誰の目にも触れることがなく、あなた自身も成長し認められる機会を失うことになります。周囲の反応を気にせずに自分らしさを表現することで、あなたは自己表現の仕方を学ぶ機会を得るだけでなく、周囲の人たちもあなたをよりよく知ることができるので、双方にとって居心地がよくなっていくでしょう。あなたにしかない大きな力は、そうやって育まれていきます。

今までしまい込んできた自分自身を外に出すのは、初めは大きな抵抗があるかもしれません。しかし、自分にとっての真実を語り、正しいと思える行動をしている限り、あなたが道を外れることはありません。ただ忠実にそれを続けているだけで、あなたは新しい人格を磨き上げ、未来に対する恐れを払拭し、いつかパワフルなカリスマとなっていけるのです。

もし、あなたが専業主婦（主夫）の場合、あなたのエネルギーを維持し成長するためには、家の外にいる時間をつくり、何らかの公共部門の活動を取り入れる必要があります。たとえば、地元の組織の役員となって活動をするとか、家族や住んでいる町にとって有益な活動に参加するなどが挙げられます。

人生のどの分野でも、明確で実現可能な目標を掲げることで、そこにたどり着きたいという意欲にスイッチが入り、その結果、実現しやすくなります。たとえば、パートナーとの関係が停滞していると感じたら、「もっと親密な関係になる」「楽しいことを一緒にやる時間をつくる」「もっと会話を増やす」など、望ましい未来を具体的に決めてみます。ゴールが決まると、それが現実になるために取るべきステップが明確になり、よりスムーズに実現します。

あるいは体重を減らしたい、増やしたいなどの目標がある場合、「体重を○○キロにする」というゴールを決めると、あなたは大きな潜在能力を動員して目標達成に必要な道筋がつくられていくのです。

第10ハウスに冥王星を持つあなたは、スケールの大きな潜在能力を育て、他の資質と統合させて魂の成長を図ることを、誕生前の計画として持っています。これは人格の研鑽という課題のため、常に意識しながら誠実に根気よく成就させるという意思を持つことが不可欠です。あなたにとって、自らの大きな力を育てて社会に役立てるという課題は、一生をかけて取り組むべきテーマです。

あなたが現世で学んでいるのは、人生のあらゆるシーンで自分の持つ力を使って他者をパワーアップさせる方法、そして、かかわる全員にとってプラスの変化をもたらすような度量、胆力です。あなたには圧倒的に強い存在感があるので、自分の望みを実現するとき、他者の願いやニーズを意図せずないがしろにしてしまうことがあるかもしれません。

もし、誰かがあなたに反発したら、ひとまず計画を止め、どうすれば彼らが抵抗している部分について折り合いをつけられるか、どうすれば全員が気持ちよく計画を続けられるかを検討しましょう。

生まれついてのカリスマのあなたが、試行錯誤を重ねながら、一般の人々が生きる現実の中にあなたの力を生かす術《すべ》を身につけると、あなたのリーダーシップはさらに磨かれていくでしょう。

物事を根底から変容させる力を持つリーダーとしての成長は、あなたについてくる人々の数や成功の大きさが物語ることになるでしょう。

第10ハウスにドラゴンヘッドがある人

この位置のドラゴンヘッドは、チャートの持ち主のキャリアやゴール達成にあたり、次のような資質を提供します。

ともに活動する仲間と深く心を通わせること

によりチームリーダーとなる、目標達成力、

理想を実践する、人々のお手本となる

第10ハウスにドラゴンヘッドがある人は、目標を掲げ、そこに到達することにより自尊心を高め、人々の尊敬を集めます。幾多の過去世で、あなたは家族のしがらみに囚われ、ただ義務を果たして生き残るだけの人生を費やした経験を持っています。その経験から、あなたは身近な人たちと折り合っていくための感情の扱い方に習熟しています。身近な誰

かの心の不安に寄り添い、共感してその人の信頼を勝ち得ることで味方をつくり、自分の居場所を築いてきたのです。あなたのリーダーシップは、ひとえにこの人心掌握の奥義がベースになっています。

人の気持ちに精通するというスキルは、多くの過去世を生き延びるのに不可欠なサバイバルツールでした。しかし、あなたが属する一族のリーダーが外に出て働き、生計を立てる中、あなたは面倒を見てもらい、扶養されるばかりで自分の力を発揮する機会がまったくなく、自尊心を失ってしまいました。そして今、この現世ではそれを挽回するチャンスがやってきたのです。

自分の個性や能力を発揮するにはまず、自他の感情のしがらみに気を取られ、足を取られる傾向と決別しなくてはなりません。意識を家庭などの身近な輪の外に向け、目標に集中するようにすると、あなたの中に自己肯定感が育っていきます。一つずつ成果が上がるにつれ、周囲の人たちがあなたを見る目にも変化が起きるでしょう。

現世では、自分の目標を達成することがあなたの運命だと考えてＯＫです。その途上で自分の弱さを痛感したり、目の前の壁に気持ちが萎《な》えたりしたら、打開策はあなたの気持ちの切り替えだけだということを覚えておきましょう。自分の可能性を信じて自ら突っ込んでいく強さがあれば、どんなハードルも突破できるでしょう。

たとえば、経済面での不安があるとき、毎月の収入を少し上げることをゴールに設定してみます。具体的なゴールがあれば、あとは自然に結果がついてくるのです。「毎月○○円の増収」とゴールを決めると、あなたの次のステップは周りを見渡し、どこにそのチャンスが転がっているかを探ることとです。現実的で、無理のない手段がきっといくつか見つかるでしょう。

もし、あなたが専業主婦（主夫）で、配偶者に経済的に依存している場合は、まずあなたがどうしたいかという計画を伝え、自分の意思と希望を共有します。相手に感情的な話をするのはＮＧです。実現可能で現実的な計画を、感情抜きで話し合うことが、相手の合意を得る秘訣となります。キーワードは、「自分の人生のボスになること」、誰かに従う人生ではないということです。

もし、あなたが独身、または専業主婦でいまの収入では望む生活ができないという場合、より収入の良い仕事を探す、働きに出る、サイドビジネスを見つけるか開発する、などという選択肢があります。ここでのカギも、明確な目標を持つこと、そしてそこに全神経を集中させることです。理性的な判断を優先させ、甘えや依存といった感情面のしがらみをシャットアウトすることです。

※ドラゴンヘッドについてより詳しく知りたい場合は、『前世ソウルリーディング』をお読みください。

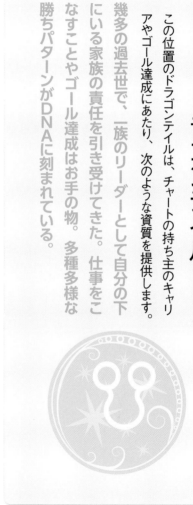

第10ハウスにドラゴンテイルがある人

この位置のドラゴンテイルは、チャートの持ち主のキャリアやゴール達成にあたり、次のような資質を提供します。

幾多の過去世で、一族のリーダーとして自分の下にいる家族の責任を引き受けてきた。仕事をこなすことやゴール達成はお手の物。多種多様な勝ちパターンがDNAに刻まれている。

あなたにとって、現世で職業的成功を収めることはごく自然で当たり前のことでしょう。

しかし、過去世で磨きに磨いてきたこの能力は、あなたが持つ他の性格とのバランスを欠くまでに大きく育ってしまいました。一族といった大きな集団の命運を一人で背負ってきた結果として、メンバー一人ひとりの気持ちやニーズにいちいちかまっていられない、という大づかみな捉え方が身についています。

全体に関心を寄せ、細部をないがしろにするという、過去世で培《つちか》った習性を矯正《きょうせい》するための人生が、今、目の前にある人生といってもいいでしょう。

現世であなたがリーダーとして采配を振るおうとすると、そのやり方が「支配的だ」と反発する人が現れるのです。それはあなたが誰かに責任を持ってもらい、その羽の下でリラックスする時間が与えられているという合図なのです。

現世でのあなたの課題は、大きな目標や課題を重視して先を急ぐあまり、今ここにある幸せを後回しにしないということです。責任を果たしたらあれをしよう、あの仕事が終わったらこれを手に入れようと、ほしいものを先延ばしにしないということです。

実務に長けたあなたですが、仕事よりも余白の部分、人々の愛や情緒といった繊細な部分に目を向けることで、よりバランスの取れた人格へと成長するのです。

※ドラゴンテイルについてより詳しく知りたい場合は、『前世ソウルリーディング』をお読みください。

第10ハウスに二つ以上の天体がある人

この位置の二つ以上の天体は、チャートの持ち主のキャリアやゴール達成にあたり、次のような資質を提供します。

仕事がテーマの人生

第10ハウスの天体は、そのチャートの持ち主が社会に向けてどんな能力を発揮するかを示すものです。この位置にある天体が示す才能は、世界に発信するという指向性があるため、その最も自然な現れ方は職業、キャリアを通じての表現になります。

ここに複数の天体があるという場合、その人の人生の中心となるのは職業人としての活動となるでしょう。第10ハウスにある天体が多いほど、その人の人生の比重は、他のどの分野よりも仕事、キャリアに向けられることになります。

ただし、あなたが活躍できるメインフィールドは社会や仕事に限定されるものでもありません。第10ハウスの天体は、あなたが人格の一部として研鑽し、統合していくべき資質を表しています。

第10ハウスに天体のクラスター（集中）がある人は、私人としてではなく公人としての人生を送ることが約束されています。この人は、創造エネルギーを枯渇させないために、常に社会や世界での活動を続ける必要があるでしょう。そして、そうすれば人生の醍醐味となる経験や喜び、充足感を存分に味わえるでしょう。

職業人としての時期を終え、退職したあとでも、何らかの社会活動を続けたほうが心身ともに健康でいられます。たとえば、人道的な活動を行う慈善団体や、特殊技能を生かしたボランティア、あるいは住んでいる地域の福祉や運営組織に参加・協力するなどが挙げられます。

たとえ高齢者施設に入っても、毎日楽しく過ごすには何らかの仕事や役割を引き受けたほうがいいのです。金魚の餌やり、植物の水やり一つでも、何かを担当し責任を負うことで、あなたにはやりがいと生きる力が湧いてくるのです。実際のところ、一人でいるより大勢の人たちとともにいる環境で、あなたはより元気で幸福に過ごせるでしょう。

第10ハウスに一つも天体がない人

この位置に一つも天体がない人は、キャリアやゴール達成にあたり、次のような資質を提供します。

関心は仕事以外に向かう

公的セクターでの成功を示す第10ハウスに天体が一つもない場合でも、そのチャートの持ち主が社会的成功を収められないというわけではありません。これが意味するのは、その人の活動や功績が広く社会に知られ、称賛や権威を得ることを本人が望んでいない、あるいは関心がないということです。この人にとって、人生の成功はもっと他のところにあるという意味です。

たとえば、この人の天体クラスター（集中）が第3ハウスにある場合、最も充足感を得られるのは本を書くことや、コミュニケーション、セールスなどかもしれません。情熱を感じる分野での活動を続けるうちに、社会的に知られ、称賛を得ることになる場合ももちろんあります。しかし、そもそもの動機は、社会的プレゼンスを獲得することではありませんでした。

もう一つの例を挙げると、ある人の天体クラスターが第5ハウスにあったとします。この人は舞台や芸能に関心を寄せ、結果的に大女優になったとしても、当初の動機は演じることへの情熱であり、著名なセレブリティになることではありませんでした。

第10ハウスに天体を持たない人が、心惹《ひ》かれる分野に情熱を傾けて活動を続けると、最終的には社会が知ることとなり、しかるべき知名度や権威が備わることになるでしょう。それでも、有名になり、高い地位を得、人々に尊敬されることは、この人をやる気にさせる要素ではないのです。むしろ世間に知られず、干渉されない人生のほうが性に合っているのです。この人にとって、世界に知られる存在となることのメリットより、自由やプライバシーを侵害されるデメリットのほうが上回る問題なのです。

世間の注目を浴びること、世の中に広く貢献することに魅力を感じなくても、自分の恩恵を受けた人には感謝してほしいと感じるでしょう。この人が求める反応はその程度で、世間や相手がどう思うかより、自分がどうしたいか、何をしていたいかのほうがずっと重要なのです。

〈第４章〉

あなたが最も輝く仕事とジャンル

（第10ハウスの天体がつかさどるサインと、そのハウス）

この章では、職業や社会的活動を通じてあなたが最も進化し、輝けるのはどのような分野（各ハウス）かについて解説していきます。

キャリアだけでなく、個人的な夢の実現にも同様の発展が約束されている分野です。

それを調べるために、「第10ハウスの天体がつかさどるサインと、そのハウス」を見つけます（Ｐ35、36を参照）。

第10ハウスにある天体がわかったら、それぞれの天体がつかさどるサインを、Ｐ35の表から見つけていきます。

たとえば、あなたの第10ハウスに月がある場合、月がつかさどるサインは蟹座となり、蟹座がどのハウスにあるか調べ、この章の解説を読んでください。

第10ハウスに複数の天体がある場合は、複数のハウスを探していきます。

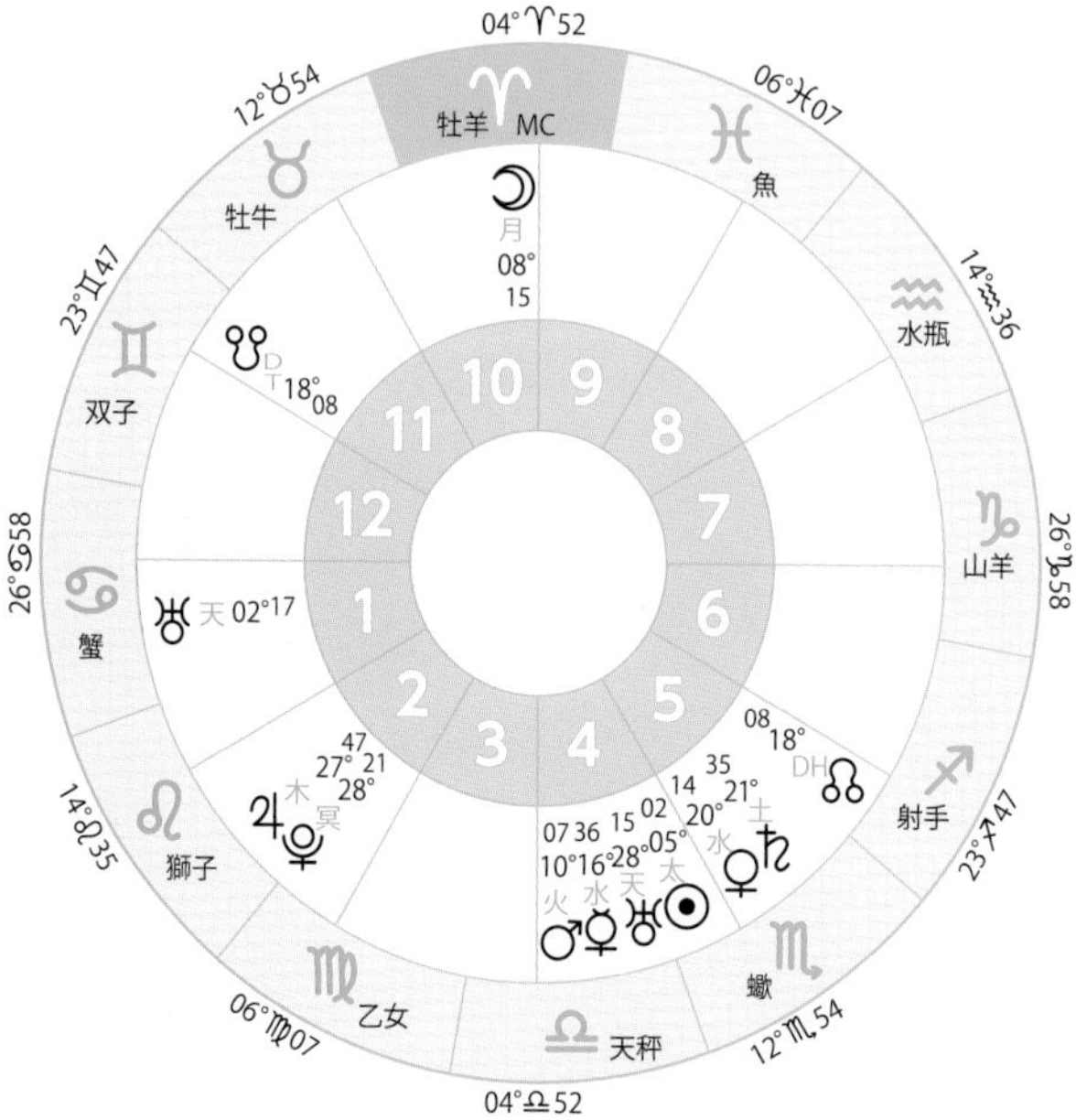

また、水星と金星はそれぞれ二つのサインをつかさどるので、もしあなたの第10ハウスに水星がある場合は双子座と乙女座、金星がある場合は牡牛座と天秤座が該当するハウスをそれぞれチェックしましょう。

第1ハウス

第10ハウスにある天体がつかさどるサインが第1ハウスにあるとき、そのチャートの持ち主であるあなたの社会的活動には、人柄が前面に出ることになるでしょう。

あなたはキャリアを追求することで個性を洗練させていきます。そして、あなたのキャラクターがキャリアにインスピレーションを加え、成長していくのです。あなたにスポットライトが当たると、あなたの個性やユニークさはますます輝いていきます。

あなたが仕事に打ち込むと、そこには自然にエネルギーが集まってきます。その仕事を通じてあなたは自分らしさを表現でき、その魅力が仕事によって開花するのです。

あなたの個性やキャラクターを、生身のあなたではなく、アイコンとして公衆の目に触れさせるということが、あなたの人生の目的と何らかのかかわりがあるのです。あなた自身の投影でなく、一つの魅力的なキャラクターとして多くの人々の目に触れるとき、その反響は好意的なものとなり、影響力を持つでしょう。

自己表現は、いつでもあなたの仕事や目標達成の味方になるでしょう。あなたの自己表現の反響に陰りが生じたときは、目標達成よりも自己顕示欲が勝り、エゴが出たときです。それが起きたら、すぐにキャラクター表現の見直しをしましょう。

第2ハウス

第10ハウスの天体がつかさどるサインが第2ハウスにあるとき、そのチャートの持ち主であるあなたの社会的活動には、あなたの価値観が前面に出ることになるでしょう。あなたが選ぶ仕事には、必然的にあなたの価値観が反映され、その美徳から世の中が恩恵を得られるというシナリオが用意されています。

あなたがキャリアを追求すればするほど、経済的な安定や自己肯定感が満たされることになるでしょう。あなたには生まれつきお金の扱い方の知恵があり、経済観念が発達しています。このため、あなたは公認会計士や税理士、ファイナンシャルプランナー、経理や財務、簿記といった仕事、あるいは数字を扱う統計などの分野を選ぶことが多いでしょう。

あなたの価値観は、いつでもあなたの仕事や目標達成の味方になるでしょう。

あなたがどんな仕事やキャリアを選択したとしても、そこにはあなたが大切にしたいものが現れているはず。あなたのキャリア追求に陰りが生じたときは、おそらく自分の欲を追求するあまり、かかわる人たちに不都合が生じたことの表れでしょう。そうなったら、じっくりと足元を固めながらキャリアを築いていく姿勢を取り戻しましょう。

第3ハウス

第10ハウスの天体がつかさどるサインが第3ハウスにあるとき、そのチャートの持ち主であるあなたの社会的活動には、あなたのコミュニケーションスキルが前面に出ることになるでしょう。

あなたが正しい職業を選択したとき、あなたの知識やコミュニケーションスキル、そして情報入手の仕方などすべてが十全に発揮されることになるでしょう。

あなたが情報の発信や伝達、共有といった分野で社会活動をするとき、それはあなたの人生の目的となるでしょう。あなたがリーダーとなって活動する必要はありませんが、何らかの形で広く世間一般と情報交換の場を持つとき、あなたの魂が磨かれていくのです。

もし、あなたが実現したい夢や目標がある場合、あなたの得意な情報収集スキルや論理性が発動し、実現に向かって大きく動き出すでしょう。

その途上で何らかのストップがかかったときは、おそらくあなたは自分の論理や情報の使い方を誤り、他者をコントロールしたり、自らの真実から逸脱したりしていることが原因でしょう。そうなったら、いったん動きを止め、真摯に方針を築いていく姿勢を取り戻しましょう。

第4ハウス

第10ハウスの天体がつかさどるサインが第4ハウスにあるとき、そのチャートの持ち主であるあなたの社会的活動には、あなたの情緒的繊細さが前面に出ることになるでしょう。あなたが選んだ仕事やキャリアには、あなたの人に対するやさしさや共感体質が自然ににじみ出るでしょう。家族の絆やちょっとした気持ちの揺れなどを敏感に察知する繊細さが、あなたの仕事を助けることになるのです。心のよりどころを持つことの大切さがわかり、デリケートな心に気づくやさしさが、あなたの仕事を発展させていくのです。

あなたの人生の目的は、そのような人の心の繊細さや、気持ちを通わせることの大切さを広く世間に認知させていくことにあります。対象とするものが社会や大勢の人々であれば、あなたの感性はどんどん研ぎ澄まされていきます。あなたが選んだ職業により、あなたが大切にする情緒的側面が引き出されていくのです。

その過程で行き詰まりが生じたら、おそらくあなたが自分のニーズを優先させ、周囲の人たちとの共感という枠組みを外れたからでしょう。そうなったらいったん立ち止まり、対象となる人たちと誠実に向き合う姿勢を取り戻しましょう。

第5ハウス

第10ハウスの天体がつかさどるサインが第5ハウスにあるとき、そのチャートの持ち主であるあなたの社会的活動には、あなたの情熱と創造力が前面に出ることになるでしょう。あなたが手掛けた仕事が大きな社会的反響を得る、あるいは可能性の一つとして、あなたの子供、あなたが育てた弟子が世界的に成功を収めた人物となることもあるでしょう。あなたのドラマチックな表現力、創造力、恋愛体質などがキャリアという舞台で花開く、というシナリオを持っています。いずれにしてもあなたの仕事には観客（一般消費者を含め）がいます。

あなたが生まれつき持っている創造力を、より普遍的な形にして広く世間に知らしめることは、あなたの人生の目的でもあります。あなたが仕事に打ち込むとき、強い意志が発動し、大きく前進します。しかし、その勢いは時に強すぎて、人間関係では自他の境界線を壊すことにもなりかねません。

その途上で何らかのストップがかかったときは、おそらくあなたが自分の欲求（人気取り、作品の完成、恋愛の成就など）を推し進めるあまり、他者のニーズを軽視した結果でしょう。そうなったら、いったん動きを止め、真摯に立て直す姿勢をつくりましょう。

第6ハウス

第10ハウスの天体がつかさどるサインが第6ハウスにあるとき、そのチャートの持ち主であるあなたの社会的活動には、仕事の倫理観や健全で秩序正しい仕事のルーティーンが前面に出ることになるでしょう。

あなたが生まれながらに持っている実務処理能力は、そのまま仕事上の強みになります。あなたには奉仕の精神があり、混沌《こんとん》とした状態に秩序をもたらす稀有《けう》な才能があります。あなたは自分が選んだ仕事を通じて多種多様な計画立案のスキルを磨き、細部に注意を払い、無理なく進められる毎日のスケジュールへと落とし込んでいくでしょう。

社会のどこかの雑然としたカオス・無法状態の中に飛び込んで、そこに合理的なルールをつくり、整理していくこと、それを世界に普及させることは、あなたの人生の目的ともいえます。物事の健全な、あるべき運営の姿が見えるのはあなたにしかない才能で、あなたはそれを仕事に生かすことで頭角を現すでしょう。

その途上で何らかのストップがかかったときは、おそらくあなたが自分の見栄やエゴを優先させ、大いなる宇宙の意思に対する信頼を忘れた結果でしょう。そうなったら、いったん動きを止め、真摯に立て直す姿勢をつくりましょう。

第7ハウス

第10ハウスの天体がつかさどるサインが第7ハウスにあるとき、そのチャートの持ち主であるあなたの社会的活動には、あなたのパートナー、または配偶者がかかわることになるでしょう。

あなたは自分の仕事の中に、パートナーシップをうまく生かせるスキルや、外交手腕によって同盟関係を構築するなどといった、あなたの得意な能力を取り入れることになるでしょう。ゴールを目指す態勢をつくることで、あなたの人心掌握スキルが磨かれ、仕事の遂行が喜びとなっていきます。

一対一でのコミュニケーションをとり良きチームプレイヤーでいること、その価値を普遍化して共有することは、あなたの人生の目的にもかかわっています。その意味で、あなたにとって結婚は運命の一部であり、あなたは結婚生活を通じて他者とのかかわり方を学んでいくでしょう。

キャリアを極めていくにつれ、広い世界とのコンタクトが増え、事業は拡大していくでしょう。

その途上で何らかのストップがかかったときは、おそらくあなたが自分の望みを叶えるために他者を操り、彼らの計画やニーズ、立場を後回しにした結果でしょう。そうなったら、いったん動きを止め、真摯に立て直す姿勢をつくりましょう。

第8ハウス

第10ハウスの天体がつかさどるサインが第8ハウスにあるとき、そのチャートの持ち主であるあなたは、一般の人々が何を求め、何を重視しているかといった、人の深層心理のトレンドがわかる洞察力を持っています。

あなたがキャリアを追求するとき、あなたのその洞察力の扉が開かれ、最も有効に機能します。そしてその仕事を通じて、あなたは人々の精神を変容させる力を潜在的に持っています。

実際のところ、あなたのその深い洞察力を一般にわかる形で広く社会の道具として共有することは、あなたが生まれてきた理由ともいえるのです。人の深層心理を読み解く稀有《けう》な才能や、物事を深く掘り下げるスキルを活用するとき、あなたはやる気が倍増するのです。

もし、その過程で何らかのストップがかかったときは、おそらくあなたが自分の金銭欲、または性欲といった個人的欲望を優先させ、他者の計画やニーズ、立場を後回しにした結果でしょう。そうなったら、いったん動きを止め、真摯に立て直す姿勢をつくりましょう。

第9ハウス

第10ハウスの天体がつかさどるサインが第9ハウスにあるとき、そのチャートの持ち主であるあなたの社会的活動には、あなたのスピリチュアルな思想が前面に出ることになるでしょう。あなたの仕事には、直感やインスピレーションが重要な構成要素となっていきます。

仕事選びをするところから、あなたは大いなる叡智に導かれるように、自分がするべき仕事と出合います。そしてその流れに導かれて仕事は発展していくでしょう。

あなたは進む仕事に育てられるように、スピリチュアリティを高めていきます。仕事を通じて社会とかかわることが、あなたのスピリチュアリティを刺激するのです。

あなたのスピリチュアルな感性や、楽観的な姿勢を社会に投影し、普遍的価値として人々に役立てることは、あなたの人生の目的です。人の上に立ち、みんなのお手本となることで、あなたは自らの信条を生きて見せることができるでしょう。あなたが選んだ仕事は、あなたの考える明るい未来を広く知らしめる能力や情熱を刺激します。

もし、その過程で何らかのストップがかかったときは、おそらくあなたが自分が正しいということに固執し、他者の考えを軽視した結果でしょう。そうなったらいったん動きを止め、真摯に立て直す姿勢をつくりましょう。

第10ハウス

第10ハウスの天体がつかさどるサインが第10ハウスにあるとき、そのチャートの持ち主にとっては、仕事こそが人生の喜びと感じられるでしょう。職業人としての道を究め、その道の第一人者、権威者となることは、あなたにとって何より大切な目標です。仕事を通じて培ったさまざまな能力は、私生活にも生かされていきます。あなたは仕事をするために生まれてきたので、それをしないことには幸福感や充足感は得られません。

職業人としての力を存分に発揮すること、それを普遍的価値として社会に示すことがあなたの人生の目的です。多くの人たちや組織全体を率いて望ましいゴールに向かわせるCEOや、指揮官の仕事をするのは、現世のあなたの運命です。それをすることにより、あなたは誕生前にあなたが策定した目的を果たすだけでなく、人としての人格を磨き上げていきます。どこをどう修正すべきかは人々の反応を見れば自ずからわかるでしょう。

仕事の遂行に何らかのストップがかかったときは、おそらくあなたが個人的欲求（世間体を守りたいとか、人々の称賛を集めたいなど）を優先させ、目的遂行に対する誠実さを軽視した結果でしょう。そうなったらいったん動きを止め、真摯に立て直す姿勢をつくりましょう。

第11ハウス

第10ハウスの天体がつかさどるサインが第11ハウスにあるとき、そのチャートの持ち主であるあなたの社会的活動には、未来が見えるあなたの特殊能力、組織を扱う手腕、そしてネットワーキングスキルなどが生かされることになるでしょう。仕事を進めるうえで、あなたのフレンドリーで分け隔てのないフェアな付き合い方が周囲に好意的に受け入れられるため、そこでの評価が昇進や発展の決め手となるでしょう。

あなたの現世での目的は、あなたが持っている未来のビジョンを普遍化し、広く社会と共有することにあります。あなたには広い視野があり、今、世界で何が起きているかが客観的に見渡せます。あなたはそのビジョンを、多くの人の目標達成に役立てる運命にあります。

もし何らかのストップがかかったときは、おそらくあなたが個人的欲求を優先させ、組織や集団としての計画を軽視した結果でしょう。そうなったらいったん動きを止め、真摯に立て直す姿勢をつくりましょう。

第12ハウス

第10ハウスの天体がつかさどるサインが第12ハウスにあるとき、そのチャートの持ち主であるあなたの社会的活動には、あなたの神秘的な価値観が前面に出ることになるでしょう。あなたの霊感やスピリチュアルな感性は、仕事などの公的分野に向けて生かされるという運命にあります。

また、あなたの中で答えの出ないもの、自分で把握しきれない何かが、仕事を通じて世間の注目を浴びるという場合もあるでしょう。つまり、あなたは仕事によって、自分の思考の枠を超えていくことを学んでいくのです。

あなたの中にある曖昧《あいまい》な、非物質界の認識やビジョンを普遍化し、広く社会と共有することは、あなたの人生の目的と何らかのかかわりがあるでしょう。

あなたには、社会の人々が美しいものに触れ、霊的感銘を受ける回路を開く稀有な力が備わっています。人々が目にする現実には、もう一段高いエネルギーレベルのビジョンがあるという、アストラル界の現実に気づかせること、その感度を高めることは、あなたの現世での使命の一つです。

もし何らかのストップがかかったときは、おそらくあなたが何らかの逃避行動（自己否定や対象の否定、依存症などの行動転化）にはまってしまった結果でしょう。そうなったら、自分を静かに振り返り、自分にとって良くない行動をしていないかチェックしましょう。

〈第5章〉

土星のサインが示す
あなたの弱点と克服法

第10ハウスがどのサインにあるかによって決まる支配星とは別に、本来の第10ハウスをつかさどる天体である土星は、職業やライフワークにかかわりの深い天体です。

あなたの土星がどのサインにあるか（バースチャート上の土星がどのサインに属しているか）によって、あなたが人間関係において自己表現に苦心する、不得手な領域がわかります。また、相手との関係が近ければ近いほど、その困難の度合いは高くなります。

たとえば、あなたの土星が双子座にある場合、あなたのコミュニケーション能力がブロックされます。つまり、自分の気持ちや考えを言葉で伝えることが苦手になります。

最も近しい間柄の相手、たとえば配偶者や子供、恋人などに対して、その苦手意識のハードルは最も高くなるのです。

私情をはさまず事務的なコミュニケーションが要求される仕事のシーンで、土

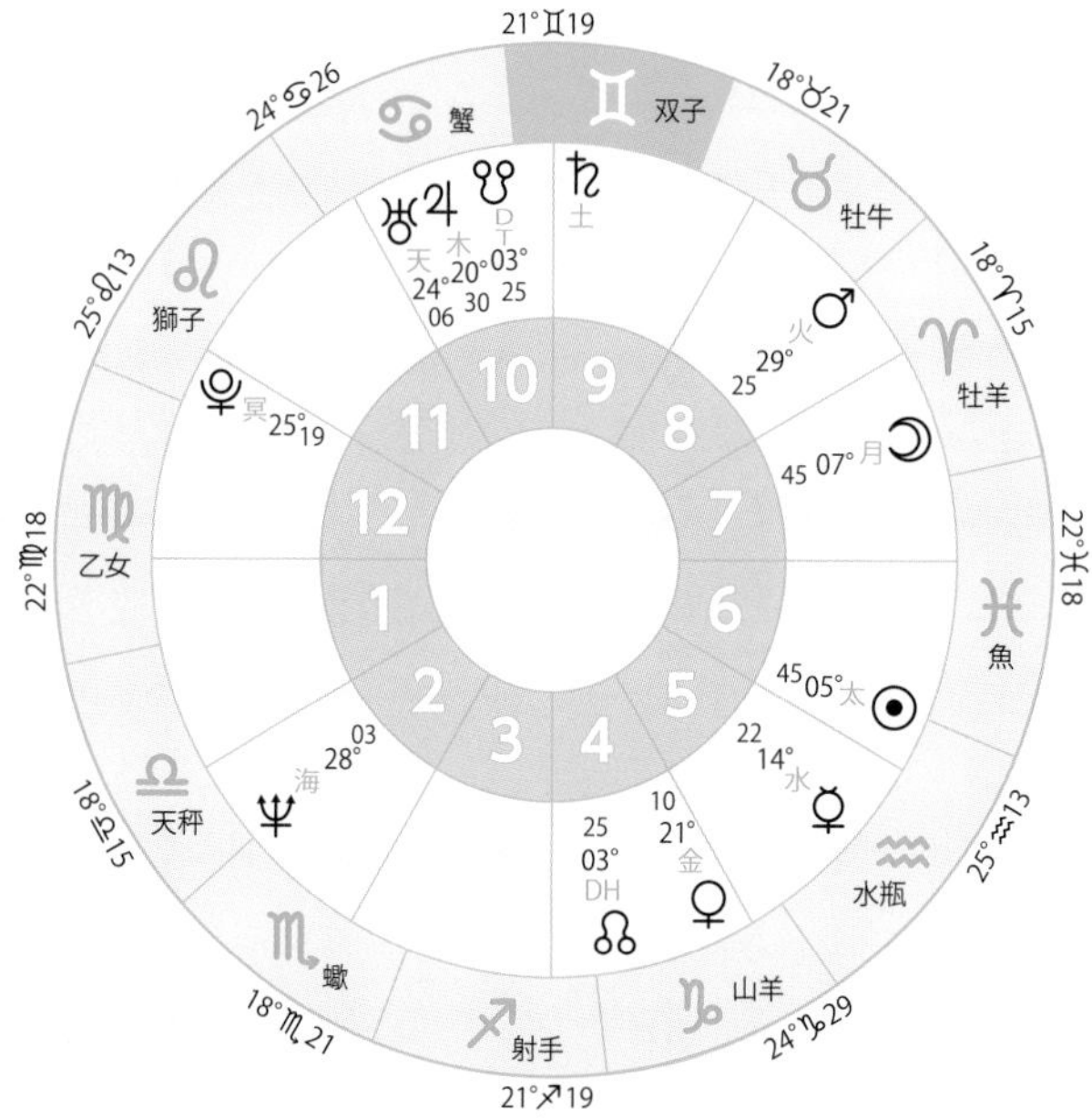

星が示す領域の活動はスムーズに行われます。土星が双子座にあるという先ほどの例でいえば、仕事の関係者との意思疎通が最もやりやすいので、そこを起点として苦手な能力を開発することが推奨されます。つまりこの人は、仕事相手とのやり取りからコミュニケーションを学ぶのがよいということです。そしてある程度習得できたら、仕事以外の人間関係で、そのスキル

を試していくといいでしょう。

　土星が示す領域の自己表現を、仕事の現場で意識的に開発していくと、あなたが最も抑圧している部分を解放するための勇気が培われていきます。あなたが苦手だと感じ、ひた隠しにしてきた部分は、そのままでは埋もれたまま終わります。しかし、仕事を通じてそれまでしまい込んでいた資質を少しずつ表現していくことにより成功体験を積み上げ、試行錯誤をしながら自信をつけていけるのです。

　土星のサインが示す領域を、仕事やキャリアの現場で表現し、育てることで、仕事に勢いがついていきます。最も苦手な部分に光を当て、意識的に開発し、弱点を克服できたら、あなたはもうどんなハードルも乗り越えるノウハウを身につけたことになります。その先は、望むだけの成功を手にすることができるでしょう。

♈ 牡羊座の土星

土星が牡羊座にあるあなたは、仕事の現場で以下のことを積極的に取り入れると、より大きな成功を手にすることができます。

自立心、自ら進んで行動を起こす、前例のないことをやってみる、イニシアチブを取る。

♉ 牡牛座の土星

土星が牡牛座にあるあなたは、仕事の現場で以下のことを積極的に取り入れると、より大きな成功を手にすることができます。

忠誠心、実直さ、人生がもたらすさまざまな喜びを味わう、五感を生かす。

双子座の土星

土星が双子座にあるあなたは、仕事の現場で以下のことを積極的に取り入れると、より大きな成功を手にすることができます。

コミュニケーション、読む・書く能力、学ぶ・教えるスキル、好奇心、他者との意見交換、協議により解決法を探る。

蟹座の土星

土星が蟹座にあるあなたは、仕事の現場で以下のことを積極的に取り入れると、より大きな成功を手にすることができます。

養育、同僚や同業者の私生活に関心を持つ、共感力、思いやり、サポートする姿勢。

♌ 獅子座の土星

土星が獅子座にあるあなたは、仕事の現場で以下のことを積極的に取り入れると、より大きな成功を手にすることができます。

忠誠心、創造力、リーダーシップ、決断力、自力で人生を切り拓く覚悟と強さ。

♍ 乙女座の土星

土星が乙女座にあるあなたは、仕事の現場で以下のことを積極的に取り入れると、より大きな成功を手にすることができます。

細部まで行き渡る観察力、組織力、同僚が何を求めているかに対する配慮。同僚や上司を大切にすることで成功までの距離が近づきます。

天秤座の土星

土星が天秤座にあるあなたは、仕事の現場で以下のことを積極的に取り入れると、より大きな成功を手にすることができます。

外交手腕、パートナーを助ける、チアリーディング、優美な振る舞い、美的センス。

えこひいきをしないフェアな態度は、職場での好感度が上がります。

蠍座の土星

土星が蠍座にあるあなたは、仕事の現場で以下のことを積極的に取り入れると、より大きな成功を手にすることができます。

運命共同体のような深いコミットメント、共通の目標を実現するための強い絆、変容を起こす力、同僚の秘めた動機やニーズを知る洞察力。

射手座の土星

土星が射手座にあるあなたは、仕事の現場で以下のことを積極的に取り入れると、より大きな成功を手にすることができます。

楽観主義、困難なときにこそ希望を見出す力、騎士道精神、よりよい未来を信じる姿勢、人として正しいことをする。

山羊座の土星

土星が山羊座にあるあなたは、仕事の現場で以下のことを積極的に取り入れると、より大きな成功を手にすることができます。

経営手腕、経営者の視点を持つ、自分を律する、目標達成に向かう情熱。

すべての責任を自ら引き受け、望ましい成果を引き出すリーダーとしての姿勢は、あな

たを大きな成功へと導いてくれるでしょう。

水瓶座の土星

土星が水瓶座にあるあなたは、仕事の現場で以下のことを積極的に取り入れると、より大きな成功を手にすることができます。

親しみやすさ、客観性、科学的アプローチ、大局を見る力、組織を動かす手腕。

魚座の土星

土星が魚座にあるあなたは、仕事の現場で以下のことを積極的に取り入れると、より大きな成功を手にすることができます。

慈悲の心、人の窮状に敏感なこと、やさしさ、繊細なコミュニケーション、癒やしをもたらす人助け。

おわりに

本書でご紹介したさまざまな情報により、読者が生まれながらに持っている才能や資質を理解し、育てることで、あなたにとって最良の成功を手にすることを願っています。

占星術師としてよく聞かれるのは、「私は成功できるでしょうか？」という質問です。私はいつでも「それはあなた次第」と答えます。私たちには自由意思というものがあり、あなたが現世に持ち込んだ多様な能力をどのように、どこまで活用するかによって、未来はどこまでも実現可能です。

もう一つ、バースチャートについてよく聞かれる質問があります。

「過酷な運命が描かれているチャートは、そのチャートの持ち主である魂が進化するために自ら望んだものなのですか？」

というものです。これに対して、私はこうお話ししています。

私たちのバースチャートに予言されている経験の数々は、私たちの意思とは関係なく、高次の意識である魂が選択した運命なのでしょうか？　そうであるなら、チャートに書かれた困難が予測される領域とは、過去世ですでに経験してうまくできなかった領域ということになります（これを仏教用語で業《ごう》、カルマと呼びます）。

現世で開発・強化するという意図のもと、これらを真剣に克服するべく努力すると、自らの魂のより深い理解と癒やしが起きるでしょう（これを仏教用語で法、ダルマと呼びます）。

バースチャートの中で特に課題の多いハウスがある場合、私たちは真剣にその領域と向き合い、理解しようとします。この内的葛藤を克服するために外界での行動が生まれ、その創造的行為は身近な人々の輪や社会へと波及し、世の中を少しずつ向上させていくのです。

ジャン・スピラー

コラム

『前世ソウルリーディング』から、あなたの役割と仕事を解読する

『前世ソウルリーディング』で紹介した「ドラゴンヘッド占星術」は、あなたの魂が何千年と繰り返してきた前世での生き方（役割や仕事）を知らせ、さらに、前世の経験を背負って生まれたあなたがこの世でどんな才能に恵まれ、どんな運命をたどるのかを明らかにしています。

西洋占星術なのに前世を扱うため、これまで秘法とされていた「ドラゴンヘッド占星術」は、本書の著者、ジャン・スピラーによって世界に公開されることとなりました。ここでは、「ドラゴンヘッド占星術」によって明らかになる本当のあなたらしさや、あなたにとっていちばんいい生き方を紹介しましょう。（あなたのドラゴンヘッドの位置を巻末の表から探し、各サインが示す意味を読んでください。）

※ドラゴンヘッドについて、より詳しく知りたい方は、『前世ソウルリーディング』（徳間書店刊）をご覧ください

♈ ドラゴンヘッド 牡羊座 ―愛と献身の人―

前世はカウンセラー、主婦

誰からも愛される母親のような存在

前世のあなたは主婦やカウンセラーなど、さまざまなサポート役として、舞台裏からほかの誰かのために自分の全人格とエネルギーをつぎこんできました。

相手を立て、他人に尽くしてきたあなたは多くの人々から愛されましたが、自分の正直な気持ちに目を向けることを忘れがちです。

自信がなく、主役の経験がないため本来の自分の姿を見失ってしまいました。

[現世のあなた]

あなたは本能的に人の気持ちがよくわかるため、つい誰かに奉仕してあげたくなってしまいます。

そこで、あなたの現世でのテーマは母性から父性への転換。今度は、あなたがみんなのリーダーになって、前に出る番なのです。目立つことが苦手なあなたですが、思いきってリーダーシップを発揮すると運気が上がります。仕事も自分が中心になってやりはじめると、周りにもいい影響が生まれます。

[ステップアップするには]

他人の意見より、まず自分の心が求めるものを大切にしましょう。誰に遠慮することなく自分を愛し、尊重し、自分のペースで個性を育てるようにして。

[向いている職業]

・起業家／エンジニア／フリーランスの仕事

♉ ドラゴンヘッド 牡牛座 ─陰の実力者─

前世は秘書、参謀

誰かの補佐役という存在意義に生きる

前世でのあなたは国王を支える王妃や側室、軍司令官の秘書、参謀として活躍していました。

身近な権力者に頼られ、そして熾烈な権力闘争のなかで実力を発揮する代償として、特権階級の華やかで豊かな人生を送ってきたのです。スポンサーでもあるパートナーを権力の座にとどめるため、あなたは自分の価値観や道徳観念まで犠牲にして仕事に打ちこんできたのです。

[現世のあなた]

トラブルを解決するのが得意なあなたは、平和な日常に飽き足りず、前世の緊張感を求めて嵐を引き起こします。また、前世の習慣から世間の評判や他人の評価が気になります。

そんなあなたの現世のテーマは、自分の存在価値を見つけること。知り合うとすぐにソウルメイトのような深い関係を築きたいと思いがちですが、自分の価値観をもって対等に付き合うようにして。仕事は名声より、着実なものを。

[ステップアップするには]

世間体よりも自己評価を重視して、一歩一歩着実に進みましょう。他人に頼らず手にした成功は、さらなる成功を呼び込むはずです。自力で頑張って。

[向いている職業]

・金融関係の仕事／建設関係の仕事／スポーツ指導

♊ 双子座《ドラゴンヘッド》 ―真実を追求する人―

前世は哲学者、修行僧

抽象的な関心を重視し、人付き合いを失う

あるときは修行僧や宗教家、またあるときは冒険家や遊牧民として、地球の真実、人間性の真実を追求してきたあなたは、人生の大半をひとりで孤独に過ごしました。世俗的な束縛を嫌い、つねに自由人だったあなたは、社会や人間関係とは無縁の前世を送っていたのです。抽象的で永遠のテーマばかり追いかけてきた結果、日常的な知恵や人とのつながりを忘れています。

[現世のあなた]

あなたは今、前世で得た知識を社会の人々と分かち合う時期に来ています。しかし、前世で人々に尊敬されていたあなたは、生まれつきちょっと傲慢。今のあなたのテーマは、社会との絆を取り戻すこと。コミュニケーションの仕方や人間関係を学び、目先の小さな問題を解決する方法を知りましょう。そうすれば、本当の知識はあなたのものになるでしょう。仕事は、人と会話するものを。転職は、吉。

[ステップアップするには]

自分の考えや一つの職業、パートナーに固執せず、世の中の多様性のなかに身を置くようにして。日常をないがしろにせず、誠実な人間関係を築きましょう。

[向いている職業]

・セールス関係の仕事／教師／文筆家

♋ ドラゴンヘッド 蟹座 ―禁欲と権威の人―

前世は宗教家、組織の長

自制心と粘りで周囲に尊敬される

あなたは前世の多くの時間を、大きな修道院などの厳格な宗教施設で過ごしてきました。精神の高みを目指すため、あなたは家族や友人をもたず、神を唯一の友として、世俗的な楽しみや人間らしい幸福を先のばしにしてきたのです。

感情を押し殺し、戒律に従い、禁欲に徹して努力するあなたは、人生の成功者や師として人々から尊敬を集めていました。

［現世のあなた］

あなたには、どうしても実現させたい目標があります。でも、あなたに必要なのは結果を出すことより、人とともに楽しみながら歩み、自分の感情と向き合って、家族や友人のぬくもりを体験すること。自分の感情を受け止め、信頼できる人々と分かち合いながらゴールを目指すほうがうまくいきます。ですから、仕事は独りよがりにならないものに。素直に人の協力を受け入れましょう。

［ステップアップするには］

結果よりプロセスを重んじ、自分の気持ちに嘘をつかない。勇気を出して、正直な感情を表しましょう。そうすれば、不思議と協力者が現れます。

［向いている職業］

・レストラン・ホテル業／在宅の仕事／不動産・投資関係の仕事

獅子座《ドラゴンヘッド》 ―客観的で慎重な人―

前世は研究者、科学者

デスクワークだけで世の中を判断する

あなたは前世でさまざまな研究者として、自分の創造エネルギーを他人や人類のために使ってきました。したがって、自分の個性や欲求は後回しとなることに。研究室で、自然の法則を観察し続けた人生の連続は、あなたから主体的に行動する意思や外に出て行く勇気を奪いました。無邪気で失敗を恐れない行動を忘れてしまったのです。

［現世のあなた］

あなたは前世でつねに傍観者として、客観的に物事を見つめてきました。ですから、生まれながらに主体的に行動を起こすことや、渦中に飛び込むことへの恐怖心があります。このため、行動の裏づけとなる知識や情報を集めたり、あるいは状況の流れに身を任せようとしてしまいます。どこか冷めていて、活発ではないあなたに必要なのは、変化に富んだ毎日です。仕事は、華のある活気のあるものを。

［ステップアップするには］

静観していないで、積極的に行動を起こすようにしましょう。必要なのは、子供のように恐れのない行動と、どうしたいか自分の意思を周囲に示すこと。

［向いている職業］

・俳優、歌手、芸能人／ベンチャー企業経営者／子供関係の仕事

ドラゴンヘッド

♍ 乙女座 ―繊細な清貧の人―

前世は芸術家、聖職者

俗世間を離れて想像の中で生きる

前世のあなたはアーティストや聖職者として、自己が消失するような神秘的な経験を送ってきました。家族もなく世間から隔絶された環境に育ったため、あなたはひとりで想像力をふくらませ、イメージのなかで遊び、自分を楽しませ、癒やしてきたのです。

繊細な心を持ち、他人の苦しみにも深く同情する感受性豊かなあなた。感じたものを創造し、神や社会に奉仕していました。

［現世のあなた］

すぐに諦めてしまう性質をもち、過酷な挑戦を強いられると逃げ出してしまいます。前世の影響から精神世界の価値がわかるため、物質的な豊かさを得るためにあくせくすることはありません。仕事も、人の心を重んじるものが適しています。

ただ、現世では無力感や傷つきやすさを追い出し、自信を取り戻すときでもあります。社会にしっかり根を下ろし、実社会で試行錯誤することが大切です。

［ステップアップするには］

面倒なことにかかわりたくない、諦めたいという誘惑に、まずは打ち勝ちましょう。次に、積極的に参加すること。考えを実践することが成功のカギです。

［向いている職業］

・医師、医療スタッフ／心理学者、栄養士／会計士

♎ ドラゴンヘッド 天秤座 ―闘う個人主義者―

前世は戦士、軍人

他人はどうなっても、とにかく自分が大事

前世の多くを戦士や武士として過ごしてきたあなたは、自分自身が生き延びることや戦闘能力、競争力にばかり関心を向けてきました。また、敵を倒して手柄を立てることばかり求め、同志を気づかっていては敵に狙われかねないと、単独行動を取ってきたのです。そんなあなたは戦争のことしか知らず、平和な生き方や思いやり、人と協調する楽しさを忘れてしまいました。

［現世のあなた］

厳しい訓練や逆境によく耐え、戦争に備えるという緊張感から強い自己防衛本能を持ち、自分だけ生き延びようというモードを解くことができずにいます。でも今は、ひとりで生きる人生ではありません。周囲の人を敵として競争するのではなく、仲間として慈しみ、協力し合いましょう。共有する喜びのなかから、あなたの本当の幸福が育まれていくのです。仕事は、人助け系を選んでください。

［ステップアップするには］

競争心と名誉欲をおさえること。ひとりで何でもやろうとせず、人を信頼し、協力し合うことで、あなたの運は開かれ、成功へと導かれていくでしょう。

［向いている職業］

・弁護士、カウンセラー／エンターテイナー／介護士

ドラゴンヘッド 蠍座 ーものを築き上げる勤勉家ー

前世は農家、建築家

まじめで頑固、黙々と蓄財に励む

あなたは前世で農家や大工、建築家としてまじめで厳格な人生を送ってきました。富や財産、十分な食べ物や快適さを家族に確保するため、自分の欲求をあきらめていました。築き、蓄えることばかりをずっと考えてきたため、あなたはある考え方やものを捨てることによって、身心が軽くなることや、変化がもたらす喜び、そして本当の豊かさとは何かを忘れているのです。

[現世のあなた]

生来の厳格さから極端な仕事至上主義に陥ったり、かたくなな奴だと言われることも。その性格から、仕事はかたいタイプがお薦めです。

あなたにとって人生で大切なことは、お金持ちになることではなく、周囲の人と財産を分かち合える豊かな心を持つこと。慣れ親しんだ自分のやり方に固執するのをやめ、「なんでもあり」の自由な発想を取り入れましょう。新たなステージが開けます。

[ステップアップするには]

物欲、所有欲をおさえ、精神的価値に目を向けましょう。手放し上手、与え上手になると、停滞した人生がいきいきと楽しくなっていくはずです。

[向いている職業]

・銀行、保険などの仕事／本や映像の編集者／警察官、探偵

♐ 射手座《ドラゴンヘッド》 ―他人の気持ちを理解する―

前世は、教師、作家

誰とでもうまくやれる社交と信頼の達人

あなたは前世で有能な教師や作家、販売員などとして、つねに人の気持ちを理解し、先回りしながら世の中を渡ってきました。社会のルールに精通し、言葉の達人として、入り乱れる人間関係を上手に泳いできたのです。

ただ、あまりに周囲の動きを気にしすぎて、自らの心の声に耳を傾けることをおろそかにして、自分の意思がどこにあるのか、見失ってしまったのです。

[現世のあなた]

あなたは誰とでもうまく折り合っていけます。

しかし、今のあなたのテーマは、人とうまく付き合うことではありません。世俗を離れてひとりになり、本来の自分を取り戻しましょう。あなたの心に浮かぶ真実のひらめきを天性の話術で多くの人々に伝えていけるでしょう。

また、決断することが苦手で優柔不断な性格ですが、自分の心の声にしっかり耳を澄ましましょう。仕事では、確かな真実の追求を。

[ステップアップするには]

世俗にとらわれず、真実の語り部を目指しましょう。情報収集や論理よりも、心に浮かぶ直感のほうが正しいことが多いはずです。ひとりの時間を大切に。

[向いている職業]

・弁護士／教師、カウンセラー／出版・広告関係

♑

ドラゴンヘッド
山羊座 ―家庭が全世界―

前世は、一族の長、農家の主人

繊細な感情をもつ内弁慶

農場や一族のみんなの気持ちをよく理解するあなたは、リーダーとして誰の感情も荒立てることなく、全員をまとめることに長けています。みんなからの信頼も厚いでしょう。

ただし、前世の多くを家庭人として過ごしてきたため、広い世界を知りません。一族に守られ、衣食住を満たされた人生ばかり送ってきたので、この世に大きな依存心をもって生まれてきたのが、あなたです。

[現世のあなた]

誰かに拒絶される不安や恐怖心から、あなたは家庭や社内で物事に慎重に取り組み、人間関係がうまくいくように誰より骨を折って生きています。しかも、外の世界に飛び出すことへの恐怖心をもち、大きな責任を背負わされるのを好みません。仕事も、グループ内で力を発揮するのに向いています。現世ではリスクを恐れず、ゴールを目指して飛び出してください。それが、人生の成功をつかむ近道です。

[ステップアップするには]

感情と上手に付き合い、自分や他人の感情にとらわれ過ぎない客観性をもつこと。広い世界に出る勇気をもつことが、よりよい人生の秘訣です。

[向いている職業]

・経営コンサルタント／政治関係の仕事／グループマネージャー

ドラゴンヘッド 水瓶座 ―賞賛や喝采を欲する―

前世は、国王やエンターテイナー

下々の暮らしを玉座から見下ろす

あなたは前世で民衆の注目を一身に浴びる「特別な存在」でした。国を治める国王や女王、また舞台で照明を浴びて観客をわかせるエンターテイナーとして、いつもVIP待遇をほしいままにしていました。わがまま放題の素行は、いつも注目の的。大きな予算を動かし、たくさんの人々を操ってきたため、人としてのシンプルで素朴な喜びを忘れがちでした。

[現世のあなた]

心が寛大でさっぱりした人柄。かつ大胆で、平気で危険を冒す度胸とともに生まれたあなたは、負けることが大嫌い。でも、女王さまのプライドは、あなたの人生の障害になるでしょう。

自己顕示欲やエゴをおさえ、謙虚になると、不思議に協力者がまわりに集まってきます。みんなにとっても、よい成果が生まれ、あなたの努力を上回るごほうびが得られるでしょう。仕事は、やはり人を動かすようなものが得意です。

[ステップアップするには]

ひとりよがりの願望は実りません。他人を見下す態度を改め、縁の下の力持ちを心がけましょう。世の中のために尽くすと、思いがけないお返しがきます。

[向いている職業]

・科学技術関係／マスコミ関係／人材派遣・人事の仕事

♓ ドラゴンヘッド

魚座 ―秩序を守る完璧主義者―

前世は、看護師、外科医

綿密な計画を立て細部にこだわる

あなたは前世で人の命を預かり、病気を治す医師や看護師として常に一点のミスもない仕事を求められてきました。自分自身や、医療チーム全員が段取りに従い、外科手術のような細部にわたり緻密に成し遂げないと患者の命にかかわる作業に、大変な集中力で取り組んできました。

その結果、あなたは物事の全体を見ることを忘れ、重箱の隅をつついてばかりいます。

［現世のあなた］

あなたは健康管理に関心が高く、また常に何事も完璧であることにこだわります。綿密に立てた計画が失敗すると、なぜ失敗したのかとことん分析。仕事も綿密な作業が向いています。

ところが、運命は完璧であろうとするあなたの計画にほころびをもたらします。「もっとリラックスして、人間らしくいなさい」というメッセージを送られているのです。成り行きに任せたほうが、いい場合もあるのです。

［ステップアップするには］

自分の意図しない事態が起こっても、「それでいいかも」という柔軟な姿勢をもちましょう。肩の力を抜いて、全体を見回し、楽観主義を貫いてください。

［向いている職業］

・研究者、エンジニア／職人、図書館員／芸術・音楽関係の仕事

あなたのドラゴンヘッドの位置

下の表の中からあなたの誕生日を見つけてください。
右端に表示されたものがあなたのドラゴンヘッドのある星座です。

生年月日	ドラゴンヘッド
1984年 9 月12日―1986年 4 月 6 日	牡牛座
1986年 4 月 7 日―1987年12月 2 日	牡羊座
1987年12月 3 日―1989年 5 月22日	魚　座
1989年 5 月23日―1990年11月18日	水瓶座
1990年11月19日―1992年 8 月 1 日	山羊座
1992年 8 月 2 日―1994年 2 月 1 日	射手座
1994年 2 月 2 日―1995年 7 月31日	蠍　座
1995年 8 月 1 日―1997年 1 月25日	天秤座
1997年 1 月26日―1998年10月20日	乙女座
1998年10月21日―2000年 4 月 9 日	獅子座
2000年 4 月10日―2001年10月12日	蟹　座
2001年10月13日―2003年 4 月13日	双子座
2003年 4 月14日―2004年12月25日	牡牛座
2004年12月26日―2006年 6 月21日	牡羊座
2006年 6 月22日―2007年12月18日	魚　座
2007年12月19日―2009年 8 月21日	水瓶座
2009年 8 月22日―2011年 3 月 3 日	山羊座
2011年 3 月 4 日―2012年 8 月29日	射手座
2012年 8 月30日―2014年 2 月18日	蠍　座
2014年 2 月19日―2015年11月11日	天秤座
2015年11月12日―2017年 5 月 9 日	乙女座
2017年 5 月10日―2018年11月 6 日	獅子座
2018年11月 7 日―2020年 5 月 4 日	蟹　座
2020年 5 月 5 日―2022年 1 月18日	双子座
2022年 1 月19日―2023年 7 月17日	牡牛座
2023年 7 月18日―2025年 1 月11日	牡羊座
2025年 1 月12日―2026年 7 月26日	魚　座
2026年 7 月27日―2028年 3 月26日	水瓶座
2028年 3 月27日―2029年 9 月23日	山羊座
2029年 9 月24日―2031年 3 月20日	射手座
2031年 3 月21日―2032年12月 1 日	蠍　座

生年月日	ドラゴンヘッド
1936年 9 月15日―1938年 3 月 3 日	射手座
1938年 3 月 4 日―1939年 9 月12日	蠍　座
1939年 9 月13日―1941年 5 月24日	天秤座
1941年 5 月25日―1942年11月21日	乙女座
1942年11月22日―1944年 5 月11日	獅子座
1944年 5 月12日―1945年12月13日	蟹　座
1945年12月14日―1947年 8 月 2 日	双子座
1947年 8 月 3 日―1949年 1 月26日	牡牛座
1949年 1 月27日―1950年 7 月26日	牡羊座
1950年 7 月27日―1952年 3 月28日	魚　座
1952年 3 月29日―1953年10月 9 日	水瓶座
1953年10月10日―1955年 4 月 2 日	山羊座
1955年 4 月 3 日―1956年10月 4 日	射手座
1956年10月 5 日―1958年 6 月16日	蠍　座
1958年 6 月17日―1959年12月15日	天秤座
1959年12月16日―1961年 6 月10日	乙女座
1961年 6 月11日―1962年12月23日	獅子座
1962年12月24日―1964年 8 月25日	蟹　座
1964年 8 月26日―1966年 2 月19日	双子座
1966年 2 月20日―1967年 8 月19日	牡牛座
1967年 8 月20日―1969年 4 月19日	牡羊座
1969年 4 月20日―1970年11月 2 日	魚　座
1970年11月 3 日―1972年 4 月27日	水瓶座
1972年 4 月28日―1973年10月27日	山羊座
1973年10月28日―1975年 7 月10日	射手座
1975年 7 月11日―1977年 1 月 7 日	蠍　座
1977年 1 月 8 日―1978年 7 月 5 日	天秤座
1978年 7 月 6 日―1980年 1 月12日	乙女座
1980年 1 月13日―1981年 9 月24日	獅子座
1981年 9 月25日―1983年 3 月16日	蟹　座
1983年 3 月17日―1984年 9 月11日	双子座

http://www.janspiller.com であなたのバースチャートを調べましょう

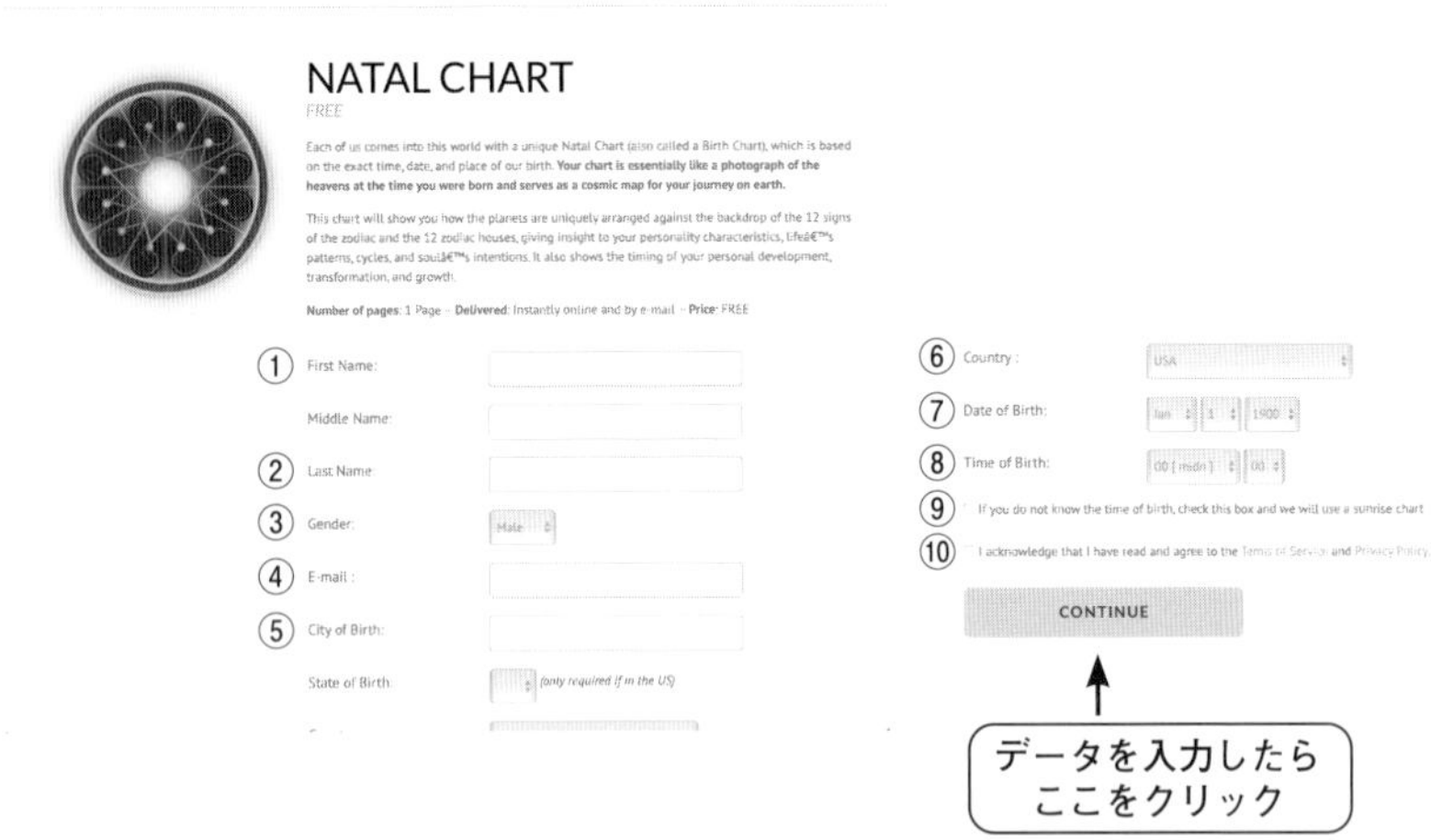

①名
②姓
③男性（Male）か女性（Female）
④Eメール（アドレス）
⑤生まれた都市(市もしくは都道府県)

⑥生まれた国
⑦誕生日（月・日・年）
⑧生まれた時間（時・分）
⑨生まれた時間が不明な場合はここにチェックを入れる
⑩プライバシーポリシーに同意（チェックする）

バースチャート（表）が作成される

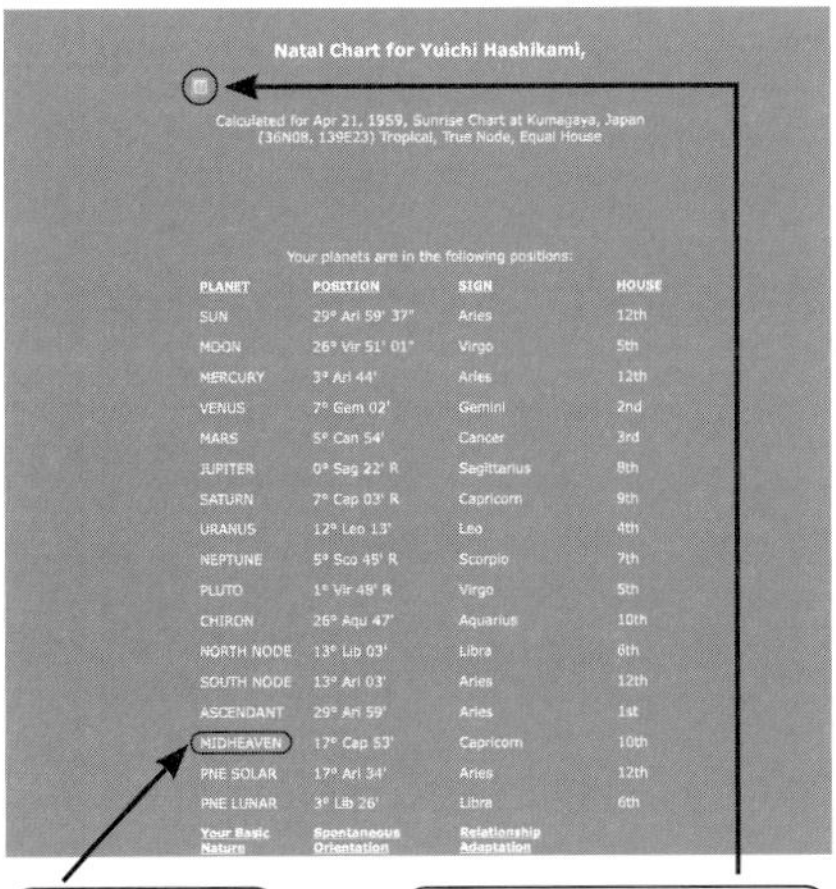
Natal Chart for Yuichi Hashikami,

Calculated for Apr 21, 1959, Sunrise Chart at Kumagaya, Japan (36N08, 139E23) Tropical, True Node, Equal House

Your planets are in the following positions:

PLANET	POSITION	SIGN	HOUSE
SUN	29° Ari 59' 37"	Aries	12th
MOON	26° Vir 51' 01"	Virgo	5th
MERCURY	3° Ari 44'	Aries	12th
VENUS	7° Gem 02'	Gemini	2nd
MARS	5° Can 54'	Cancer	3rd
JUPITER	0° Sag 22' R	Sagittarius	8th
SATURN	7° Cap 03' R	Capricorn	9th
URANUS	12° Leo 13'	Leo	4th
NEPTUNE	5° Sco 45' R	Scorpio	7th
PLUTO	1° Vir 49' R	Virgo	5th
CHIRON	26° Aqu 47'	Aquarius	10th
NORTH NODE	13° Lib 03'	Libra	6th
SOUTH NODE	13° Ari 03'	Aries	12th
ASCENDANT	29° Ari 59'	Aries	1st
MIDHEAVEN	17° Cap 53'	Capricorn	10th
PNE SOLAR	17° Ari 34'	Aries	12th
PNE LUNAR	3° Lib 26'	Libra	6th

Your Basic Nature / Spontaneous Orientation / Relationship Adaptation

ミッドヘブン（MC）

チャートを表示するにはここをクリック

データに間違いがなければ⑪をクリック

⑪ ⑫

データを修正する場合は⑫をクリック

第10ハウス、MC は山羊座

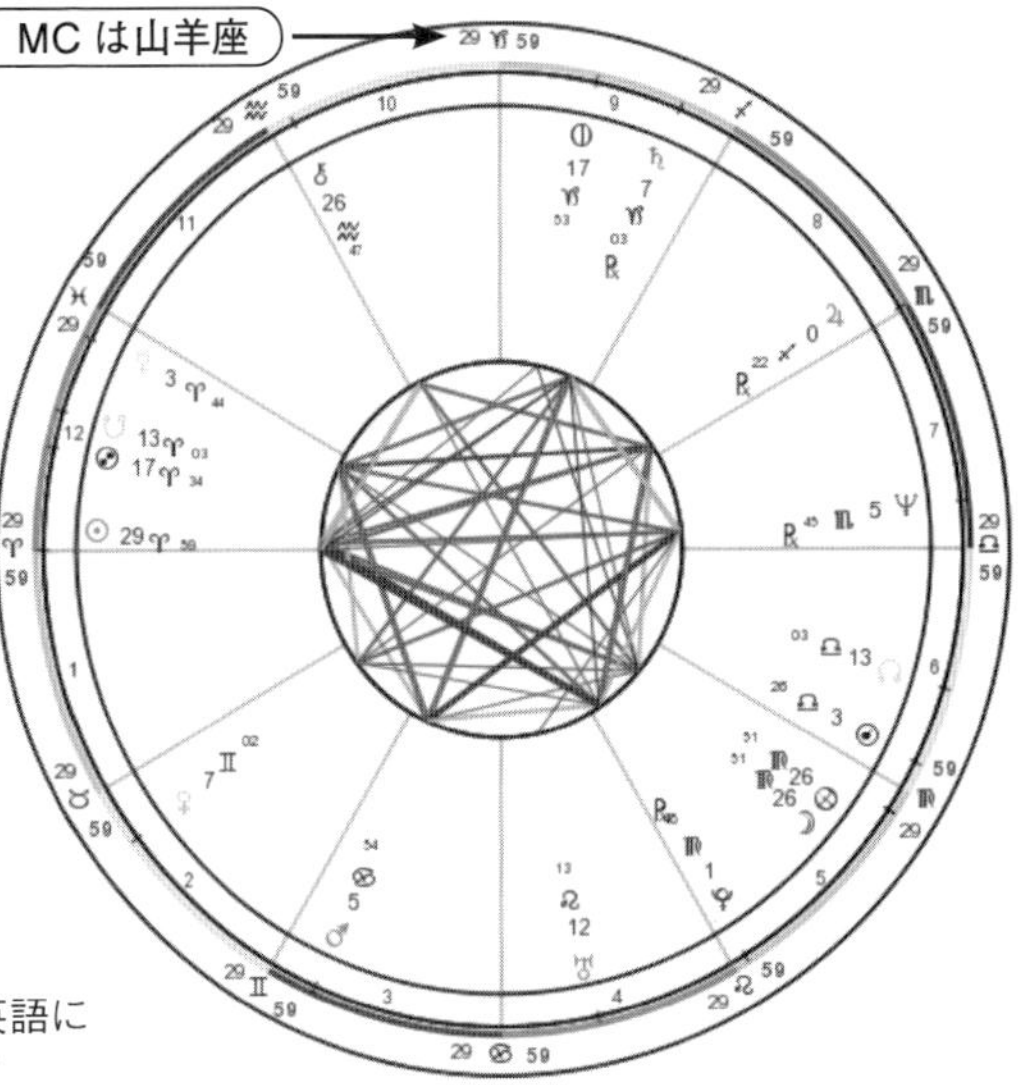

※表記は英語になります

著者　ジャン・スピラー（Jan Spiller）
全米占星術界で最も信頼されている重鎮の一人。
著作家、講演者、ラジオパーソナリティ、占星術研究家として活躍。
既存の占星術の枠を超えたと高い評価を得て、４冊の世界的ベストセラー作品『前世ソウルリーディング　あなたの魂はどこから来たのか』『コズミック★ラブ超占星術』『魂の願い　新月のソウルメイキング』『スピリチュアル占星術』（いずれも徳間書店）は15の言語に翻訳され、世界中で読まれている。（1944〜2016）
ホームページ：https://www.janspiller.com

監訳者　東川恭子（ひがしかわ・きょうこ）

翻訳家。潜在意識研究家。ヒプノセラピスト。

ハワイ大学卒業、ボストン大学大学院国際関係学部修了。メタフィジカル・スピリチュアル分野の探求を経て、2014年よりヒプノヒーリングサロン「ヒプノサイエンスラボ」を開設。最先端の脳科学をベースにしたヒプノセラピー＆コーチングを行うかたわら、催眠による心身症治療、潜在意識活用法の普及に努めている。

米国催眠士協会・米国催眠療法協会公認マスターヒプノセラピスト。NLP プラクティショナー。

翻訳書は『前世ソウルリーディング　あなたの魂はどこから来たのか』『魂の願い　新月のソウルメイキング』、『[魂の目的］ソウルナビゲーション』（徳間書店）、『あなたという習慣を断つ』『超自然になる』『第４の水の相』（ナチュラルスピリット）など多数。

ホームページ：https://hypnoscience-lab.com

THE ASTROLOGY OF SUCCESS
:A Guide to Illuminate Your Inborn Gifts for Achieving Career
Success and Life Fulfillment
by Jan Spiller
Copyright © 2014 by Jan Spiller
Japanese translation rights arranged with
Cosmic Love Website, Inc.
through Japan UNI Agency, Inc.

ジャン・スピラーの

天職をつかむ占星術

あなたの歩むべき道はどこにあるのか

第1刷　2024年1月31日

著　者　ジャン・スピラー
翻訳・監修　東川恭子
発行者　小宮英行
発行所　株式会社徳間書店
〒141-8202 東京都品川区上大崎 3-1-1 目黒セントラルスクエア
電話　編集（03）5403-4344　販売（049）293-5521
振替　00140-0-44392

印刷・製本　株式会社広済堂ネクスト

本書の無断複写は著作権法上での例外を除き禁じられています。

購入者以外の第三者による本書のいかなる電子複製も一切認められておりません。

乱丁・落丁はおとりかえ致します。

© Kyoko Higashikawa 2024, Printed in Japan
ISBN978-4-19-865725-3

ジャン・スピラーのロングセラー本

占星術で前世を読みとる秘法
「ドラゴンヘッド占星術」を紹介！

『前世ソウルリーディング
あなたの魂はどこから来たのか』

最寄りの書店、ネット書店でお求め下さい。

ジャン・スピラーのロングセラー本

新月のパワーを日本に初めて紹介！

『魂の願い　新月のソウルメイキング』

最寄りの書店、ネット書店でお求め下さい。